KB110737

소년문화탐방기

마을의 소년들

일러두기

이 책에 나오는 게임명, 영화 제목, 채널 또는 프로그램명에는 홑화살괄호 〈 〉를 처음에 언급될 때에 사용하고 이후에는 부호를 사용하지 않았습니다.

게임이나 플랫폼 채널의 사용자, 운영자의 아이디 또는 닉네임도 처음 언급될 때에만 작은따옴표 ' '로 표시했습니다.

소년 문화 탐방기

마을의 소년들

지현 지음

if books

페미니즘은 유해한 남성과 무해한 남성을 '감별'하는 매뉴얼이
아니다. 하지만 페미니스트 교사 지현은 남성 청소년이 익숙한
'남자 되기'의 경로에서 어떤 고민을 하고, 어떻게 이동하고 싶은
지를 친절하게 설명한다. 이 책은 교사, 성인, 디지털 동료 시민이
새길을 열어가는 남성 청소년에게 도움을 줄 방법이 분명 있다는
것을 알려준다. 읽는 재미가 쏠쏠하다.

김현미 연세대학교 문화인류학과 교수

지현의 노래와 글, 삶의 태도에 담긴 '공존'의 질감을 이미 경험하
였기에, 자신과 다른 성(性)의 소년, 남성을 이해하려는 탐구가
무척 반갑고 기쁘다. 세상의 폭력성을 줄이고 서로를 존중하고
돌보는 삶을 회복하고 싶은 어른이라면 "묵묵히 그들의 곁에 서
있는 것으로 그들의 세상에 개입해야 한다"는 지현의 제안을 가
슴에 담자. 그리고 시도하자.

박기원 한국비폭력대화교육원 대표

신영복 교수는 일생 동안 가장 먼 여행이 머리에서 가슴까지의 여행이고 또 하나의 가장 먼 여행은 가슴에서 발까지의 여행이라고 했다. 생각하는 것에서 느끼는 것으로 그리고 실천하는 것으로까지의 삶을 뜻하는 이야기다.

성평등, 성인지 감수성, 젠더, 페미니즘 등의 문제를 이야기할 때 우리는 그것을 하나의 결과로 생각하는 경향이 있다. 하지만 실제로 그것은 완성된 결과가 아닌 끊임없는 과정이다. 『소년문화탐방기』가 좋은 건 작가가 고민하고 느꼈던 것을 현장 속에서 실천해가는 일련의 과정을 드러냄으로써 그 노력과 태도 자체가 대안이 될 수 있다는 사실을 보여준다는 점이다. 더불어 소년들은 물론 작가 자신도 성장해가는 과정을 담았다.

정덕현 문화평론가

마을의 소년들

2013년 가을, 문화학과 여성학 전공 박사 과정의 마지막 학기, 서울의 한 대안학교에서 처음으로 청소년 대상 인문학 수업을 진행하게 되었다. 다음은 아마도 그 수업에서 있었던 대화일 것이다. 남학생들이 '현(자) 타(임)'을 설명해 주었다.

현자 타임　남자는 (3초에 한 번씩) 섹스를 생각하기 때문에 자위를 끝낸 후 약 20분(?) 동안만 현자가 된다. 이때를 '현자 타임', 줄여서 '현타'라고 한다.
용례　"자위가 끝나니 현자 타임이 와 야동을 다 지웠지. 시간이 지나면 휴지통 복구할 걸, 뭐. 매번 반복이야."

이 설명에 나는 몹시 화를 냈고 다시는 이런 표현을 자신에게 쓰지 말 것을 부탁했다. 이유는 이랬다. 첫째, 남성은 항상 섹스, 성욕에 사로잡힌 존재가 아니다. 둘째, 들끓는 욕망이 사라진 상태를 '현자 상태'라고 일컫는 것도 다소 어이가 없다. 셋째, 자위하기 전 남성의 상태를 사리 분별 못 하는 상태로 여기는 것은 남성 개인뿐만 아니라 남성 집단 전체를 그렇게 이성과 분별력이 없는 존재라고 전제하고 비하하고 조롱하는 표현이기 때문이었다. 지금 생각하면 정말 '꼰대스러운 생각과 말이었지만 여전히 나는 남성들이 자신을 그렇게 생각하는 것을 경계하라고 말한다.

나는 수년째 이렇게 강변하지만 지금의 현실은 어떤가? 남성들이 주로 모이는 남초 커뮤니티 같은 온라인 공간에서 주로 쓰이던 '현자 타임'이 '현타'로 줄어 공중파 방송의 자막으로까지 등장하고 신조어로 널리 쓰이는 상황이다.

놀랍지 않은가? 온라인 하위문화에서 탄생한 비하어가 원래의 뜻이나 맥락과 달리 건전하게 포장되어 대중적으로 쓰이다니. 도대체 온라인 세상은 내가 연결된 세상과 어떻게 얼마나 다른가? 그 이후 나는 수업에서 말수를 줄이고 들으려고 했다. 그들이 살아가는 세상을 알아야 했으니까. 그렇게 수업에서 청소년들의 도움을 받아 그들의 세상을 들여다보게 되었다.

저항하는 소년들

2015년 온라인 커뮤니티 〈디씨 인사이드〉의 메르스 갤러리
와 그로부터 독립한, 여성 혐오를 미러링하는 온라인 공간
〈메갈리아〉 등이 탄생했다. 이 공간에서는 여성과 그들의 움
직임을 지지하는 이들이 목소리를 내며 그야말로 대중 페
미니즘, 온라인 페미니즘을 생산해냈다. 불법 촬영과 데이
트 폭력이 여성 청소년 사이에서 큰 두려움이 되던 무렵이
었다. 수업에서 만난 몇몇 소녀는 여성이 많이 활동하는 온
라인 카페 〈여성 시대〉나 〈쭉쭉 빵빵〉에 가입해 활동하기도
했다.

　교실 안에서 소녀 소년들은 페미니즘, 여성 혐오 등을 주
제로 격론을 벌였고 반감을 지닌 소년들은 페미니즘을 배우
고 알아가는 내 수업을 거부하기도 했다. 수업을 진행하던
나는 그때 처음으로 페미니즘과 페미니스트, 성평등을 불편
해하는 소년들을 만나게 되었다. 그들은 〈일간 베스트〉 이용
자도, 포르노 공유 사이트 〈소라넷〉 방문자도, 남초 카페 회
원도 아니었다(어쩌면 이용자였더라도 수업에서 얘기할 수는 없
었을 것이다). 단지 게임을 좋아하고 게임 관련 커뮤니티에서
정보를 얻는 평범한 소년들이었다. 경험하는 세계가 달라진
소녀 소년들은 교실 안에서 평화롭고 안전하게 공존하기 어
려웠다.

"이 학교에서 페미니즘을 왜 배워야 하는지 모르겠어요."
다소 도발적인 이 발언에 나는 무척 당황했다. 그리고 아팠
다. 페미니스트 교사들이 기존 교육 시스템의 대안으로 제
안하고, 만들고, 끌어가는 이 학교에 입학해 1년 반이라는
시간을 보내고 이제 마지막 학기 수업을 듣는 학생의 질문
에 나는 대답할 수가 없었다. 내게는 당연한 페미니즘이 그
들에게는 저항해야 할 대상이 된 것인가? 한 소년이 수업에
서 그렇게 발언하자 다른 소년들도 동요하기 시작했다. 학생
다수가 대안 교육을 경험했고 스스로 대안 교육을 선택해
진학을 결정했음에도 페미니스트와 페미니즘에 대한 소년들
의 생각과 감정은 온라인 대중과 크게 다르지 않았다.

페미니즘은 소년들이 경험하던 평범한 일상과 평범한 행
동 하나하나를 날카롭게 질문하고 판단하고 바꾸고 버릴 것
을 요구했다. 그들은 이런 과정을 힘들어하고 고통스러워했
다. 나는 그들의 고통을 알았지만 저항하는 소년들이 원망스
러웠고 많이 서운했다. 담임교사와 다음 학기수업에 대해 논
의한 끝에 페미니즘, 성평등 감수성 수업을 첫 학기에 배치
하기로 결정했다. 입학할 때부터 페미니즘을 받아들이도록
하자는 것이었다. 페미니즘 수업에서 배우게 될 평등 감수성,
타인에 대한 공감과 상호존중의 태도가 대안 교육이 지향하
는 시민성에 반드시 포함되어야 하는 것으로 인식시키자는

것이었다. 그렇게 학교, 담임교사, 과목 담당 강사인 나까지
모두 합의하고 동의한 페미니즘 수업이 신입생을 대상으로
진행되었다.

페미소년, 탄생과 고통

2016년 5월, 강남역에서 한 여성이 이유도 없이 모르는 남성
에 의해 살해당하는 끔찍한 사건이 발생했다. 이 사건은 적
잖은 한국 여성들이 자신을 페미니스트라고 부르는 계기가
되었다. 내 수업을 듣던 학생들은 격렬한 토론을 벌였다. 그
사건이 왜 여성 혐오 범죄인지, 여성의 집단 공포를 어떻게
야기하는지, 왜 남성은 그 집단 공포에 동의하기가 어려운지
에 대해서였다. 학생들은 교실에서 나와 학교 밖 현장에도
함께했다. 연일 이어지던 추모 집회에는 페미니스트 남학생
들도 애도를 표하기 위해, 다시는 이런 일이 없어야 한다는
데 공감하기 위해 참여했다. 추모 집회에 다녀온 후 수업에
서 한 남학생은 무척 슬픈 표정으로 이렇게 말했다.
"제가 남성인 것이 다른 여성들에게 두려움을 일으킨대요."
추모 집회 현장에 나갔던 그에게 누군가 그런 말을 한 것 같
았다. 그 남학생은 한숨을 내쉬며 어떻게 연대해야 할지 모
르겠다고 막막해했다. 그 한숨에서 깊은 절망감이 느껴졌다.
　페미니스트가 된 소녀 소년들은 익숙하지 않은 도구를

다루는 초심자처럼 일상에서 좌충우돌했다. 가정에서는 양육자, 일상에서는 또래들과 항상 싸우고 투쟁했다. 교실에서도 그랬다. 자유롭게 오가는 대화와 토론 사이에서 불편함이 조금이라도 느껴지는 어휘, 문장, 태도가 등장하면 누군가 바로 "그거 여혐이야!"라고 외쳤다. 그리고 그 말이나 행동의 당사자는 금세 위축되어 입을 닫았다. 이런 현상은 '완장 차기' 때문에 벌어졌다. '나는 알고 너는 모른다', '나는 배웠고 너는 아니다', '나는 맞고 너는 틀렸다'라는 태도로 모두가 검열자, 감시자가 되어버린 것이었다. '시민성'을 함양하는 교육이라면 자신을 되돌아보게 하고 주변과 공존할 수 있는 존재로 변화시켜야 하는데 그러는 대신 타인에 대한 비판과 비난이라는, 손쉽게 휘둘러 해칠 수 있는 무기를 쥐여준 것이다.

그들이 내 교실에서 배운 페미니즘은 서로 점점 멀어지게 하는 것 같았다. 나는 그들이 페미니즘을 통해 일상의 평화와 안전함을 돌려받길 바랐는데 현실은 그렇지 않았다. 나는 실패한 것인가? 또 수업에 대해 고민해야 했다. 나는 어떤 페미니즘을 가르쳐야 하는가? 그렇게 학기마다 커리큘럼을 바꿨다. 내 수업은 성평등 감수성, 평화 감수성, 인권은 물론 동물권까지 고민하는 공존 감수성을 배우는 수업이 되어갔다. 그렇게 내 수업에서 나와 함께 성장하는 학생들은 일상의 평화를 회복해가는 것 같았다.

그러던 어느 날 한 남학생이 쓸쓸히 말했다. "제가 이렇게 여성 혐오적이고 폭력적인 남성 문화를 경험하고 실천했던 사람이라는 것이 너무 싫어요. 고통스러워요." 페미니스트가 된 소년들은 자신을 싫어하고 페미니즘을 만나기 이전의 삶을 부정하고 싶어 했다. 그런 말에서 그들의 아픔이 느껴졌다. "페미니스트인 것을 포기하고 싶어요." 아아! 그들은 갈등하고 있었다. 고통 없고 편한 삶, 이전 삶으로 돌아갈 것인지, 고통을 감수하고 소년 페미니스트로 성장할 것인지 갈림길에 서 있었다.

나는 그들을 붙잡고 싶었다. 그들과 함께 성별과 상관없이 모두 안전하고 평화로운 세상을 만들고 싶었다. 페미니즘 수업은 여성 혐오적 문화를 고민하는 동시에 가부장적 문화가 남성에게 어떤 '맨박스'를 강제하는지, 남성은 그런 구조 속에서 어떤 억압과 차별을 경험하는지 이야기해야 했다. 또 그런 성별 갈등이 심해진 상황에서 우리는 타인을 어떻게 이해하고 공감할 수 있는지, 자신을 향한 공감과 치유는 어떻게 해야 하는지 알아야만 했다.

그렇게 나는 소년들을 바라보기 시작했다.

소년의 경험을 말하게 하는 페미니즘

매 학기 말, 학생들은 두세 명씩 모둠을 만들어 자유 주제로 발표를 했다. 여학생들은 거침없이 그들의 일상과 밀접한 관심사를 주제로 선택한 반면 남학생들은 주제 선정에 어려움을 겪었다. "드러나지 않은 여성 문학가를 발굴해야 할 것 같아요." 주제에 깊이 들어가기 위해 '왜 그 주제를 정했는가?' '당신의 삶과 어떤 관계가 있는가?'라고 질문하면 그들은 선뜻 대답하지 못했다. 페미니즘을 '여성주의'로 이해해 여성 이야기를 하는 것만 가능하다고 생각하는 데서 오는 상상력의 한계였다. 머뭇거리는 그들에게 '내가 경험한 남성 문화'를 주제로 발표해볼 것을 제안했다. 내 제안에 몇 주 동안 주제에 대해 열심히 준비했다.

드디어 발표 날, 남학생 세 명으로 구성된 그 모둠의 발표는 매우 솔직하고 용감하고 깊이가 있었다. 발표를 함께 들었던 다른 동료 학생들도 그들의 발표에 깊이 공감했다. 내가 무엇보다 기뻤던 것은 그들의 마지막 말이었다. "세 명이 중학교 시절, 일반학교 시절 경험한 폭력 문화를 허심탄회하게 얘기하면서 위로가 많이 되었다고 했어요. 그렇게 진지하게 그런 얘기를 해본 적이 없었거든요." 그들의 얘기를 들으며 나는 거의 울고 있었다. 아! 이렇게 나는 소년들의 세계에 진입한 것인가? 내 교실의 소년들은 그렇게 성장하고 있었다.

2018년 또 다른 1년제 대안학교에서 진행한 페미니즘 수업에서 소년들은 지루함과 불쾌감을 온몸으로 표현하며 앉아 있었다. "페미니즘은 개좆같아요." "그따위를 왜 해야 하죠?" "그런 수업을 왜 들어야 하는지 모르겠어요."라고 내 얼굴 앞에서 당당히 말하는 소년들. 오 마이 갓… 청소년들을 만난 지 몇 해가 지났지만 그런 상황에는 적응하기 어려웠다. 나는 적잖이 당황했다. 매시간 상처받고 매시간 절망했다. 열심히 준비한 수업 교안 내용은 무기력한 상태로 화난 소년들에게 가닿지 않았다. 무엇보다 소년들의 마음에 내가 들어설 자리가 없다는 것, 그들은 나와 관계를 맺고 싶어 하지 않는다는 것이 가슴 아팠다.

그러던 중 소년들이 마음을 연 것은 토니 포터가 쓴 『맨박스』를 읽고 한 수업에서였다. 남성에 해당하는 성별 고정관념과 그로 인해 남성이 겪는 억압과 고통을 드러낸 책이었다. 토니 포터의 말들은 소년들이 자신의 의견을 말하고 수업에 참여하도록 만들었다. 그때 나는 남성 청소년이 위치한 사각지대를 발견했다. 나이, 위계질서가 철저한 성인중심 한국 사회에서 항상 배제된다고 여기고 양육자와의 관계에서도 항상 약자이고 결정권 없는 수동적 입장에서 차별당한다고 인식하는데, 남성으로 태어났다는 이유 하나만으로 기득권으로 불리고 잠재적 가해자로 불리고 차별하는 사람으로 여겨진다니 억울하고 분노할 만했다. 소년들을 만나 마음을 열고 허심탄회하게 대화하기 위해서는 그들이 경험하는 위치를 볼 수 있어야 했다.

이 학교의 두 번째 학기 페미니즘 수업을 기획하면서 결정한 것은 수업 제목에 '페미니즘'이나 '젠더'를 넣지 말자는 것이었다. '페미니즘'과 '젠더'에 대한 강한 반발이 소년들에게 당연히 취해야 할 태도로 각인된 상황에서 그들의 마음과 귀를 닫게 만드는 수업 제목은 전략적이지 않다는 판단 때문이었다. 내용은 담되 저항감을 부르는 단어는 지양하기 위해 제목을 '공존(共存)'으로 정했다. '함께 살기' 위해 필요한 이야기를 하는 수업이라는 의미였다.

공존하기 위해 우리는 어떤 이야기를 나눠야 할까? '함께하기'를 연습하기 위해 서로 편안한 집단으로 나눠 안전한 관계에서 마음을 나눠보려고 시도했다. 수업 내용에도 변화를 주었다. 마음을 가라앉히고 '함께하기'에 집중하도록 편안한 음악을 들으며 매시간 명상하고 좌식 교실에서 누군가는 앉고 누군가는 누워 편안하게 이야기를 나눴다. 가끔 편안한 분위기에 잠드는 학생도 있었지만 깨우지 않았다. 교실이 안전하고 페미니즘 수업이 편안할 수만 있다면 그것만으로도 소년들에게 선물이 되리라 생각했다. 각자가 경험한 억압과 차별이라는 폭력을 이야기하고 공감받고 애도하고 치유하는 회복의 시간을 가졌다. 소년들은 하나둘 자신의 속내를 드러내기 시작했다. 중학교 시절 지각했다고 머리를 맞은 기억, 그렇게 폭력적이진 않았지만 기분 나빴다고 했다. 가장 따뜻하고 다정했던 기억으로 가족과의 교외 캠핑을 언급한 한 소년은 이제 아버지와 그렇게 다정한 시간을 보낼 수 없어 쓸쓸하다고 했다. 가족과의 추억을 그리워하며 조금 외로워하는 소년들. 학교와 일상에서 경험하는 매우 사소한 폭력을 폭력이 아니라고 자신에게 되뇌며 폭력에 둔감해지는 소년들. 수업에서 경험한 소년들의 저항, 반항, 외침을 새로운 수업 내용과 방법에 대한 부탁과 요청으로 받아들이지 않았다면 만날 수 없는 장면들이었다.

남성부는 왜 없는 거죠?

나는 소년들에게 왜 관심이 생겼을까? 나도 궁금하다. 교실에서 눈을 반짝이며 내가 준비한 수업을 기획한 의도대로 받아들이고 반응하고 변화하는 것은 주로 소녀들인데 소년들을 왜 자꾸 쳐다보게 될까?

청소년을 만나면서 여성 대상 범죄의 공포에 짓눌려 연애조차 꿈꾸지 못하는 소녀들을 보며 이제는 달라져야 한다고 생각했다. 성폭력 피해 경험을 드러내는 '미투' 이후, 강남역 살인사건 이후, 메갈리아로 대표되는 온라인 페미니스트 전사들이 소라넷을 폐쇄한 이후 소녀들과 여성 청년들은 변해 있었다. 성폭력 피해를 용감하게 고발하고 성폭력 피해 생존자를 지지하고 위로하기 위해 연대하거나, 집회를 조직하고 참여했다. 내가 가르치거나 변화시켜야 할 존재가 아니었다. 오히려 그들로부터 그들의 페미니즘을 듣고 배워야 했다.

반면, 소년들과 남성 청년들은 여전히 맨박스와 여성 혐오적 문화에서 헤어나오지 못한 채 갇혀 있었다. 오히려 이전 세대보다 심해진 것 같았다. 이런 지경이 되니 소년들을 돌보고 키우고 가르쳐야 할 어른들조차 소년들을 '(가부장제 질서의 권력자) 남성'으로 보게 된 것이다. 그러면서 '너는 권력이 있잖아!', '너는 남자, 기득권자잖아'라고 그들에게 말했다. 소년들은 이해할 수가 없었을 것이다. '나는 아닌데. 나도 차별받는데. 내가 왜 반성하고 사과해야 하지?' 반발심이 더 심해졌다. 내 교실에서 저항하던 소년들은 그렇게 탄생했고 나는 그들을 어떻게 변화시킬지 고민했다.

"남자들을 위한 남성부는 왜 없는 거죠?"

수업 도중 한 소년이 질문했다. 페미니즘을 아는 이들에게는 어이없는 질문으로 여겨지는 저 질문의 답을 찾는 것을 나라도 도와야겠다고 결심했다. 가부장제와 맨박스 때문에 자신들이 겪는 차별이나 폭력에 민감하게 반응하고 표현하도록, 그런 표현이 존중받도록, 자신의 고통이 공감받고 존중받는 경험을 통해 타인에게도 공감하고 나아가 타인을 다치게 하거나 아프게 하지 않도록 해야 했다. 그러기 위해서는 그들의 불편, 불쾌, 슬픔, 고통에 대한 공감과 치유, 회복이 필요했다.

오늘도 나는 소년들의 이야기를 듣는다. 그들이 경험하는 세상을 알고 싶어서, 그들의 세계에 개입하고 싶어서, 마침내 그들과 함께 걸으며 그들이 맨박스 덫에 빠져 공감불능의 무감 괴물이 되는 것으로부터 보호하고 싶어서다. 타인과 마음을 나눌 줄 아는 소년들이 많아져 내가 살아갈 공동체가 평화롭게 되길 바라는 마음에서다. 이 책은 그렇게 시작된 소년들을 향한 나의 애정과 관심의 첫 결과물이다. 소년들이 경험하고 성장하는 온라인 세상을 엿보는 과정을 기록한 『소년문화탐방기 ─ 마을의 소년들』이다.

지현

마을로 들어간
페미니스트

어느 날 한 남학생이
"아! 이 죽일 놈의 성교육!"이라며 한탄했다.
그것도 큰 소리로.

마을로 들어갔다

7년째 열심히 일한 나를 위해 자체 안식년으로 정했던 2020년, 수도권의 한 마을 공동체 안 대안학교와 방과후교실 협동조합에서 각각 수업을 의뢰했다. 소년들을 만나 그들의 이야기를 듣고 싶었던 나는 안식년 계획은 무기 연기한 채 수업을 하기로 했다. 때마침 한국양성평등교육진흥원의 2019 양성평등선도학교 프로젝트를 진행하면서 개발했던 성평등 감수성 교육 프로그램을 진행해 보고 싶기도 했고, 항상 친근함을 느끼던 마을에 들어가 볼 기회여서 기쁘기도 했다.

1990년대 초 공동육아를 시작하며 만들어진 지 30년이 다 되어가는 이 마을 공동체는 취지에 공감하는 사람들이 동네로 모이면서 점점 커졌다. 시간이 흐르면서 마을에 걸맞은 시설이 필요했고 마을 사람들은 하나씩 만들었다. 공동육아 어린이집을 다니던 아이들이 학교 갈 나이가 되자 그들이 가야 할, 가고 싶은 대안 교육기관을 고민하다가 스스로 학교를 만들었다. 대안학교가 생기자 대안 교육을 고민하는 사람들이 자녀를 그 학교에 보내기 위해 동네로 모였다. 그러면서 마을에 필요한 병원, 상점, 식당, 카페, 동물병원, 공동주택, 방과후교실, 책방 등을 협동조합 형태로 만들어갔다. 그러면서 도시 속 대안 공동체 마을로 자리 잡게 되었다.

나는 1학기와 2학기에 걸쳐 마을의 대안학교와 방과후교실 협동조합에서 10대 초반 학생을 대상으로 수업을 진행했다. 대안학교에서의 첫 학기 수업은 무척 어려웠다. 2018년, 2019년에 만났던 저항적이고 거칠었던 소년들과의 관계에서 경험한 상처와 상실감이 회복되지 않아서인지 도저히 자신이 없었다. 매시간 잘하려고 애썼지만 수업을 마치고 나면 왠지 모를 패배감에 기운이 없었다.

2020년 초 개학을 앞두고 코로나19로 전국이 긴장한 상태였다. 결국 개학은 점점 미뤄졌고 더는 개학을 미룰 수 없었던 마을 대안학교는 사회적 거리를 유지할 수 있는 학생 수로 작은 그룹을 만들어 겨우 수업을 시작했다. 마스크 착용이 필수가 되어 우리는 얼굴의 반을 가린 채 만나 인사를 나누었다. 마스크부터 걸림돌이었다. 낯을 가리고 내성적이고 두려움 많은 나는 마스크를 쓴 채 표정을 전혀 보여 주지 않는 학생들이 두려웠다. 내게 대안학교, 마을 공동체는 안전의 상징이었지만 학생들이 마스크를 쓴 채 앉아 나를 대하는 교실은 두려움 자체였다. 자신 있게 수업을 진행해야 할 강사가 그렇게 두려움에 사로잡혔으니 학생들에게도 그 영향이 미쳤을 것이다.

성별 분리수업에 대한 저항이 있었다. 나는 성별분리 수업이 서로에게 안전하고 편안할 거라는 생각에 학급을 그렇게 구성해달라고 요청했는데 학생들은 다르게 받아들인 것 같았다. 자신들을 왜 신체적 성별로 구분하냐며 항의한 것이다. 다양성 관련 수업을 들은 적이 있고, 인권 감수성을 익히며, 성소수자 정보를 학습한, 소수자 감수성이 선행학습으로 이뤄진 상태의 학생들에게 성별 분리수업은 자신들의 다양성을 무시하고 배제하는 의도로 보였던 것이다. 아! 이런… 성평등 감수성, 평화 감수성을 배우고 익혀야 할 수업이 그런 의도의 설정으로 보이다니.

그때 내게는 '신체적 성별 논의'와 관련된 트라우마 수준의 공포가 있었다. 내가 경험한 온·오프에서의 괴롭힘, 배제와 낙인 때문이었다. 페미니스트 커뮤니티에서 '성별 구분'은 곧바로 트랜스젠더를 비롯한 성소수자 혐오로 해석되었고 그것을 근거로 혐오자인가 아닌가를 묻거나 그 대답에 따라 '진짜 페미니스트'와 '가짜 페미니스트'로 구분했기 때문이다. 페미니스트 커뮤니티 내에서 일단 '나쁜 페미니스트'로 낙인찍히면 사회적으로 생존하기는 쉽지 않았다. 나는 그 수업에서 실패했다고 생각했다.

개학이 늦어지면서 방학이 길어지니 수면 패턴이 엉망이 된 학생이 많았다. 밤늦도록 넷플릭스를 보거나 유튜브를 보다가 새벽녘에야 잠들어 오전 수업에 오는 것을 무척 힘들어하는 학생들. 코로나는 여러 가지로 내 수업을 힘들게 했다. 10대 초반 중등과정의 학생들이 낯선 것도 내가 이 수업을 어렵게 느끼는 데 한몫했다. 지난 수년간 10대 후반 이후의 고등 과정, 청년 과정 학생들을 만나와, 무서운 '중2병'에 걸리는 청소년들과의 수업은 처음이었던 것이다. 질풍노도 시기의 당사자들이 누구보다 괴롭고 힘들겠지만, 그들과 속 깊은 소통을 하고 마음을 살피며 수업 안에서 함께 성장해가야 하는 나도 바람 한 점 없는 망망대해에서 학생들을 가득 태운 배를 고작 두 개의 짧은 노로 저 멀리 해안까지 움직여가야 하는 노꾼이 된 심정이었다. 게다가 학생들은 마스크를 쓴 채 졸음과 무기력에 지쳐 늘어진 상태였다.

어느 날 한 남학생이 "아! 이 죽일 놈의 성교육!"이라며 한탄했다. 그것도 큰 소리로. 그 한마디는 그때까지 겨우겨우

견디던 내 인내심의 뚜껑을 열리게 했다. "이 수업 필요 없으면 나가!"라고 소리쳤다. 모두 조용한 채 앉아 있었다. 그때 누군가 대답했다. "필수 수업인데 점수를 못 받잖아요. 그래서 안 나가요." 왜 그런 말을 했냐고 그에게 물어봤지만 돌아오는 대답은 없었다. 지금 생각하면 부끄럽다. 나도 학생들도 힘든 상황인데 그런 말을 하다니. 내가 그렇게 말했을 때 모두 얼마나 두렵고 긴장했을까. 돌이켜보니 가슴 아프다. 나야말로 내가 서 있는 위치와 내가 가진 힘을 모른 것이다.

예상과 달리 대안학교 수업이 힘들면서 방과후교실에서 만난 학생들과의 수업이 상대적으로 수월하게 여겨졌다. 대안학교가 아닌 일반학교에 다니는 학생들이었는데 내 수업에 무척 적극적으로 참여했다. 특히 소년들이 이전에 만난 일반학교 학생들과는 사뭇 달랐다. 수업이 진행되던 그때 '텔레그램 N번방' 성착취 사건과 아동 성착취 영상물 유통 사이트인 '웰컴 투 비디오' 운영자 구속 뉴스에 관심이 집중되던 때였다. 수업에서 그 이야기를 하게 되었는데 그 소년들은 "그거 너무 나쁜 거잖아요.", "나쁜 사람들이네요."라며 당연하다는 듯 검거된 가해자들에 대한 의견을 말했다. 대안학교 소년들도 마찬가지였다. 아무리 거친 행동과 말을 하더라도 성폭력, 성착취, 성평등, 인권에 대한 생각은 단호했다.

나는 궁금했다. 인권과 성평등 감수성 수업을 꾸준히 받아온 대안학교 학생들이 그렇게 말하는 것은 어쩌면 당연하다. 그렇다면 일반학교 소년들은 어떻게 그럴 수 있을까?

소년들을 더 알고 싶어졌다.

제대로 만나 보자

수업을 진행하면서 소년들과 조금씩 가까워졌다. 방과후 교실에서는 총 여섯 번 수업을 진행했는데 이 수업도 코로나의 영향으로 원래 계획된 일정보다 늦게 마무리되었다. 그 덕분에 나는 소년들과 제법 오래 연락을 주고받을 수 있었다. 대안학교에서 진행된 2학기 수업은 디지털 리터러시였는데 나는 수업 제목을 〈디지털 원주민을 위한 생존 안내〉라고 붙였다. 수업내용은 대부분의 학생이 경험하는 디지털, 온라인 환경을 스스로 파악하고 그 이야기를 나누는 것이었다. 수업에서 나오는 이야기를 들으며 나는 마을 소년들이 경험하는 문화에 좀 더 가까이 다가갈 수 있었다. 소년들의 세계를 알기 위해 두 수업에서 많이 질문하고 충분히 듣기 위해 노력했다.

그러던 중 한국출판문화산업진흥원의 연구지원을 받게 되었다. 기쁜 마음에 소년들과 더 많은 대화를 나눌 수 있는 인터뷰 일정을 잡았다. 나는 얼른 소년들의 이야기를 듣고 싶었는데 섭외가 쉽지 않았다. 어렵사리 대안학교 재학생 두 명과 방과후교실에서 만난 마을 인근 중학교 재학생 소년 세 명을 만나며 그들이 어떻게 생활하는지 들었다. 처음 인터뷰를 요청할 때 두 시간이 소요될 거라고 말했는데 너무 오래 걸려 망설였다고 나중에서야 털어놓았다. 인터뷰 사례로 문화상품권과 간식 등의 선물을 주자 그런 선물을 진작 알려주지 그랬냐며 다음에 또 인터뷰하고 싶다고 덧붙이기도 했다. 역시 선물이 중요했다.

　본격적인 인터뷰가 시작되자 처음에는 질문에 답하는 것을 어려워했다. 아무래도 나는 수업을 진행했던 선생이고 이 인터뷰의 목적이 소년문화 알기라고 해도 어른과 이야기하는 것이 다소 부담인 것 같았다. 그러다가 친한 친구들이 하나둘 등장하고 게임이며 유튜브며 익숙하고 즐거운 화제가 등장하자 신나게 자신들의 얘기를 들려주었다. 이렇게 시간을 보내니 두 번째 인터뷰는 일정 잡기가 쉬웠다. 자발적으로 날짜와 시간을 정했다. 첫 인터뷰를 40분 동안 진행했는데 두 번째 인터뷰에서는 한 시간 이상 얘기를 나눌 수 있었다. 소년들과는 역시 게임과 유튜브 얘기를 해야 한다.

경훈 "이 동네가 다 청정구역은 아니에요. 남중 클라스!" 중학교 2학년. 남학교. 혼자 남중.

 정우 "티어는 언랭입니다." 중학교 2학년. 남녀공학. 준석이랑 같은 학교.

 준석 "가장 좋아하는 관심사를 아빠랑 함께 하고 싶어요." 중학교 2학년. 남녀공학. 정우랑 같은 학교.

 동윤 "비매너 유저는 싫어요." 대안학교 7학년. 남녀공학.

 정희 "바빠서 게임할 시간이 없어요." 대안학교 7학년. 남녀공학.

 선영 "놀이가 아이들을 살리는 거죠" 책방 겸 방과후교실 협동조합 활동가. 초등3학년 소녀의 양육자.

우정출연. 재원 "공동육아하면서 우정도 쌓은 사람" 선영의 배우자이자 공동양육자.

 나윤 "아이들의 실제 삶과 성장에 필요한 것들은 현실세계에 있잖아요." 대안학교 1년차 교사.

 윤희 "스마트 기기 이용 시기를 늦추고 문해를 익혀야 할 중요한 시기를 보장해야죠." 대안학교 교사.

놀이터 밖에서 노는 소년들

준석 학교 끝나면 집에 가거나 친구들이랑 놀러 가죠. 축구하거나 PC방 가거나요. 축구는 학교 운동장에서 했는데 요즘은 코로나 때문에 못하게 해서 다른 공원에서 해요. PC방은 동네에서 가깝고 컴퓨터 사양이 좋고 환경이 쾌적하고 편한 곳으로 정해놓고 가요.

동윤 원래 주로 밖에서 운동하고 놀았는데 요즘은 코로나 때문에 못 만나요.

정희 코로나도 그렇고 바깥도 추워서 딱히 놀 데도 없어요.

코로나 전에는 서로 집에 놀러 다녔어요.

동윤 그러기도 하고 자전거 타고 한강 변에 나가 공놀이도
했죠.

인터뷰에 참여한 대부분의 소년은 마을 공동육아 어린이
집에서 자랐다고 했다. 그때부터 함께 자란 사이였다. 초등학
교, 중학교에 진학하면서 일반학교, 대안학교로 따로따로 진
학했지만 마을 안에서 진행되는 택견수업 등에서 만나기도
했다. 서로 잘 아는 사이로 지냈다. 공동육아를 계기로 양육
자끼리도 잘 아는 사이였다. 대부분의 마을 구성원은 이곳
에서 태어나 자란 아이들의 삶을 기억하고 증언하는 증인이
되었다. 아이들끼리도 그랬다. 정작 당사자들은 이렇게 시골
마을처럼 모두가 잘 아는 것이 부담스러웠다. 모두가 아는
사이여서 연애하기도 어렵다는 것이었다. 그래도 부러웠다.
어릴 적 친구는 물론 중학교, 고등학교 친구도 없어 그 시절
을 증언해줄 사람이 한 명도 없는 내게는 그랬다.

마을 안의 소년들은 하교 후 학교 운동장에서 어울려 축
구를 하거나 온라인 게임을 하러 PC방에 간다고 했다. 그렇
지만 최근에는 코로나 때문에 어울려 노는 것이 모두 어려
워졌다고 했다. 인상적인 것은 내가 어릴 때 그랬듯 서로의
집에 모여 놀거나 골목에서 놀거나 자전거를 타고 한강 둔치

에 가 공놀이를 한다는 것이었다. 물론 그것도 코로나 이전 상황이긴 하다. 수업 때문에 마을을 지나다닐 때 골목을 놀이터 삼아 노는 아이들을 종종 발견했다. 차가 다니는 좁은 주택가 골목이었지만 그래도 이 마을에는 그런 풍경이 남아 있었다. 아파트 단지가 들어서고 아이들이 놀 수 있는 공간은 놀이터로 제한되고 길은 자동차에 점령당해 사람들은 자동차의 통행에 방해가 되는 것처럼 여겨지는 것이 일상이어서 그런 골목의 모습은 소중했다. 골목은 누구에게나 열린 공간이니 마을 아이들은 나이, 학년, 성별 상관없이 골목에서 만나는 그 누구와도 어울리는 것 같았다.

노는 책방

선영　이곳은 놀이가 중심인 공간이거든요. 잘 노는 게 중요한 곳이죠. 매주 전래놀이를 진행하고 일상에서도 아이들에게 놀이를 알려줘요. 실내에서 노는 방법, 골목에서 노는 방법, 마당에서 노는 방법 이렇게요. 이곳에서 발생하는 아이들 간의 갈등은 이렇게 놀이로 풀어요. 문제가 생기는 이유는 놀고 싶은데 놀지 못해서거든요. 노는 방법을 모르고 놀이를 제안하는 방법도 몰라요. 제가 갈등에 개입하는 대신 노는 방법을 알려주고 놀이를 진행하고 풀어내기를 알려주면서 서로 즐거운 시간을 갖게 하는 거죠. 잘 노는 게 중요하거든요. 놀아본 적이 없는 아이들은 놀이를 제안하는 시도를 하지 않으려고 해요.

자신이 놀아본 적이 없으니까요. 그리고 놀다 보면 이길 때도 질 때도 있는데 그걸 받아들이는 걸 힘들어해요. 가끔 전래놀이 프로그램에 익숙한 아이들이 아닌 새로운 아이들이 오는데 한 달을 못 버티고 그만두기도 해요. 너무 안타깝죠.

이런 경우도 있었어요. 콩주머니를 던지고 맞히는 놀이였는데 그 콩주머니에 맞은 아이가 울면서 바로 집에 가 그 프로그램을 그만두겠다고 말한 거예요. 아이가 아프다니 엄마가 찾아와 콩주머니를 확인하겠다며 보여달라길래 보여드렸죠. 속상했어요. 이런 종류의 놀이를 안 해본 아이니까 놀이 과정에서 콩주머니를 맞는 데 익숙하지 않아 그런 상황을 가슴 아프게 받아들인 것 같아요. '프로그램에 계속 참여했더라면 마음의 근육이 좀 생겼을 텐데'라고 생각하니 안타까웠어요.

놀이공부 모임이 있는데 거기서 이렇게 말해요. 우리가 아이들을 살리고 구원하고 있다고요. 이렇게 해야 한다고, 어디 가서 놀이를 펼쳐 아이들을 좀 구하라고요. 하하.

골목에서 노는 아이들이 존재할 수 있는 것은 골목이 놀이 공간이 될 수 있다는 것을 가르치는 마을의 책방이 있기 때문이다. 내가 수업을 진행한 방과후교실은 마을 책방을 겸하고 있었다. 마을 책방은 책을 사 읽을 수 있는 공간인 동시에 놀이 공간이었다. 내게 방과후교실 수업 의뢰 연락을 해온 선영이 공간 운영을 맡고 있었다. 그는 책방에 오는 아이들이 다양한 방식의 놀이를 경험하도록 정기적으로 전래놀이 과정을 진행 중이었다.

초등학교 저학년을 데리고 놀이 공간으로서의 골목을 경험시키는 것도 선영의 수업 중 하나였다. 놀기만 해도 되는 방과후교실이라니 아이들이 꿈꿀 만한 곳 아닌가. 선영은 어린이와 청소년이 즐겁게 놀게 해주는 것이 그들을 살리는 것이라며 '노는 문화'의 중요성을 강조했다. 그렇다고 이 방과후교실에서 기획하고 이끄는 놀이수업만 가능한 것은 아니었다. 공간을 이용하는 아이들이 여기저기서 끼리끼리 모여 자유롭게 노는 모습을 발견할 수 있었다. 놀이기구가 있는 작은 마당에서는 정글짐, 미끄럼틀을 오르내리며 놀았고 책방 2층의 다용도 교실과 거실에서는 서너 명씩 모여 보드게임 같은 놀이를 즐기고 있었다. 그들을 지켜보는 어른 한두 명은 항상 곁에 있지만 개입은 최소화하고 아이들 스스로 문제를 해결하도록 기다려주고 지켜보기만 했다.

그렇게 아이들은 이곳에서 놀이를 제안하고 거절하고, 그러다가 다투고 갈등을 경험하고, 그 갈등을 해소하고 다시 서로 즐겁게 노는 과정을 배우고 있었다. 그렇게 자란 아이들은 자유롭고 용감했다. 그렇지만 마을 외부에서 책방을 처음 찾아온 아이 중에는 적응하기 힘들어하다가 떠난 아이도 있었다. 선영은 그런 경우를 무척 안타까워했다.

'문화 놀이터'라는 방과후교실과 내가 청소년을 교육하기 위해 중요하게 여기는 것이 같아 반가웠다. 바로 재미와 즐거움이다. 지금 청소년들과 대화하기 위해서는 당사자들이 즐거워하는 것을 찾아내 질문하는 것으로 시작해야 한다. 그러지 않으면 대화는 바로 단절되고 관계 만들기는 불가능하다. 상호존중하며 서로 가르치고 배우는 페미니스트 교육학적 수업을 하기 위해서는 서로 믿는 관계가 되는 것이 첫 단계였는데, 대화를 통해 관계를 시작하기 좋은 주제가 '요즘 즐기는 게임'이나 '요즘 즐겨보는 유튜브 채널'이었다.

선영과 함께 노는 방법을 배우는 아이들과 달리 놀이가 없는 유년을 보내는 아이들은 청소년으로 성장했을 때 여전히 노는 방법을 모른다. 그러나 그들에게도 즐거움은 여전히 중요하다. 그래서 몰입하는 것이 게임, 유튜브, 소셜미디어, 온라인 커뮤니티 활동이다. 청소년들과 게임, 유튜브, 덕질 얘기를 하지 않으면 알 수 없는 것들이었다. 미디어 환경이 변하면서 스마트 미디어에 의존하는 청소년들에게는 스마트 미디어가 곧 자신이고 자신이 속한 세계이고 꿈꿀 수 있는 유일한 세계가 된 것이다. 지금이라도 청소년들에게 노는 방법을 가르쳐줄 수 있을까?

게임하는
소년들

게임에 과몰입하는 소년과
언제든지 멈출 수 있는 소년의 차이는
도대체 어디서 올까?

"게임 얘기는 신나!"

대안학교에서 2학기에 진행한 〈디지털 원주민을 위한 생존 안내〉 수업은 미디어 기기의 변화 발견하기, 미디어 플랫폼의 변화 발견하기, 재미를 위한 미디어 게임과 유튜브, 온라인/디지털 세계의 위험 상상하기 등의 내용으로 구성했다. 이 학교의 방침 때문이었는지 6, 7학년(중학교 1학년) 학생임에도 개인용 스마트 단말기를 갖지 않은 경우가 많았다. 인터뷰에 응했던 학생들에게 인터뷰 선물을 전달하지 못해 급히 연락해야 했는데 개인 연락처를 모르는 상황이었다. 담임교사에게 전화 걸어 학생들의 연락처를 알려달라고 하니 전화가 없어 학생의 보호자에게 연락해야 한다는 것이었다. 결국 담임 교사와 양육자를 통해 선물과 관련된 메시지를 전할 수 있었다. 주변 양육자들이 자녀가 초등학교에 입학하거나 초등 3, 4학년이 되면 개인 스마트폰을 사주는 것과는 너무나 대조적인 모습이었다.

대부분의 학생은 초등과정부터 이 학교에 다니고 있었다. 재학생 중 일부는 일반 초등학교를 졸업하고 중등과정에 편입했는데 이 학생들의 스마트 기기 보유, 이용 상황은 너무나 달랐다. 이 대안학교는 개인 스마트 기기 소유가 가능하지 않고 학교에 가져와 사용하는 것도 불가능했다. 이에 대해 입학할 때부터 보호자가 동의해야만 하고 이런 정책의 필요성을 매번 양육자 교육을 통해 확인했다.

스마트 미디어 기기를 사용하는 학생이 적으니 19금 정보에 있어서 타 지역 일반학교 학생들과는 좀 달랐다. 성교육 시간 '섹스(sex)', '야동', '포르노' 등 19금 단어를 언급했을 때, 그 단어가 무엇인지 감도 못 잡는 학생 몇 명이 무슨 뜻인지 자연스럽게 질문했다. 또래 일반학교 학생들과는 사뭇 다른 모습이 당황스러웠다. 평균적으로 초등 5학년쯤 되면 포르노 영상이나 성인물을 접하는데 그들 중 상당수는 얘기는 들었지만 아직 보진 못했다고 말했다. 이런 차이는 스마트폰 소유만의 문제였을까?

마을 양육자들은 자녀들의 미디어 환경을 더 고민하고 의논하며 함께 실천하는 것 같았다. 대안학교에 다니지 않는 학생들도 대부분 중학교에 입학하면서 개인 스마트 기기를 갖게 되었다고 했다. 그전까지는 스스로 책임져야 하는 스마트 기기가 없었다는 것이다. 그 어렵다는 '자녀에게 스마트 기기 안 주기'를 이 마을 양육자들은 합심해 실천 중이었다.

개인 스마트 기기 소유는 흔치 않았지만 게임 내용은 대부분의 학생이 공유하고 있었다. 그래서인지 게임 얘기를 하는 수업에서는 온라인 기반 1:1 축구 게임인 〈피파(FIFA)〉 온라인, 2018년 8월부터 124주째 1위 자리에 있는 압도적으로 인기 있고 대중적인 LOL 〈리그 오브 레전드(League of Legends, 현재 소년들의 놀이 문화에서 가장 중요한 콘텐츠로 소년들 대부분은 이 게임을 하고 있고 하지 않더라도 잘 알고 있다)〉, 2011년 출시되어 선풍적인 인기를 끌었고 지금도 인기 있는 〈마인크래프트〉, 서바이벌 슈팅 게임인 〈배틀 그라운드〉 등의 온라인 게임을 비롯해 플레이 스테이션이나 XBOX, 닌텐도 스위치 등 별도의 게임기가 필요한 콘솔 게임, 스마트폰을 통해 플레이하는 모바일 게임부터 장기, 체스, 바둑을 포함해 각 게임에 특화된 기물을 사용하는 보드게임까지 세기 힘들 정도로 많은 게임을 언급했다. 게임 얘기를 하는 시간만큼은 쉬는 시간도 갖기 어려울 정도로 시간이 빨리 지나갔다. 보통 때 같으면 수업이 몇 시에 끝나는지 몇 번이나 물어봤을 텐데 또래끼리 얘기하느라, 내 질문에 대답하고 정보를 주고받느라 열정적으로 목소리를 높였다. 게임 얘기를 하는 시간만큼은 눈이 반짝거리고 목소리에 힘이 넘쳤다. 마스크와 방역 수칙에 지친 학생들이 '가뭄에 비 맞은 작물'처럼 되살아났다.

게임이 수업에서 효과적인 매개가 되는 것을 청소년 대상 수업을 진행하면서 매번 확인했다. 심지어 엄격한 사회적 거리 두기 때문에 화상회의 어플리케이션 줌(ZOOM)으로 첫 수업을 할 때도 매우 단순한 게임인 '빙고'를 진행하자 모두 서로에게 집중하고 그 시간을 즐거웠던 기억으로 평가했다. 게임이라면, 뭔가 도구가 등장하고 그 도구를 쓰는 게임 형식이 동원되는 시간이라면, 수업을 즐겁게 기억했다.

경훈 게임 얘기하는 거 편해요. 애들과 나누는 대화의 절반 이상이 게임이거든요. 그냥 편해요. 그런데 선생님들이 게임을 좋은 시선으로 안 보고 부정적으로 봐 애들이 좀 숨겨요. 그런 것도 있죠. 학교에서도 친하고 좀 젊은 선생님들과는 게임 얘기를 많이 하는데 안 친한 분들은 애당초 믿지 않아서 아예 얘기도 안 하죠. 선생님 중에도 게임하는 분이 계세요. 서너 분 정도. 주로 모바일 게임을 하시더라고요. 체육 선생님은 피파도 하시고요. 롤은 잘 안 하시는 것 같아요. 요즘 <어몽어스> 많

이 하신대요. 우리 학교에서는 쉬는 시간에 선생님들과 대화를
많이 나누는 편이에요. 선생님들이 들어오셔서 얘기하면서 친
해졌어요. 선생님들이 가까워지려고 노력하시는 편이죠.

준석   우리 학교 선생님들과는 게임 얘기를 전혀 안 해요.

소년들에게 게임은 일상의 중요한 일부가 되었지만 여전
히 부정적인 시선을 동반하는 음지의 여가문화다. 수업에서
만나는 학생들도 대부분 매우 수줍어하거나 숨기면서 게임
을 한다고 밝혔다. 특히 롤이 그렇다. 신뢰가 쌓인 관계에서
나 "사실 저 롤해요"라고 어렵게 고백한다. 양육자, 교사, 주
변 성인들이 모두 부정적으로 바라보는 게임은 지금 소년들
에게 피할 수 없는 주류 문화다.

현재 경훈이는 마을 근처 사립 남자 중학교에 다니고 있
다. 2020년 2학년이 되었다. 1학년 때 만난 젊은 남자 교사
들과는 신뢰가 생겨 게임 얘기를 자유롭게 나눈다고 했다.
의외였다. 보통 교사들이라면 게임하는 소년들을 교정 대상
으로 보고 통제하는 것이 기본인데 이것은 내 고정관념과
노파심일 뿐이었나? 그러면서 안심이 되었다. 일반학교 교사
들이 소년들과 소통하기 위해 게임이라는 매개를 이렇게 잘
이용하다니 반갑고 기뻤다.

남녀공학 공립중학교에 다니는 준석이의 경우는 달랐다.

교사들과 게임 얘기를 전혀 하지 않았다. 쉬는 시간에 교실에서 선생님들과 대화를 나눈 적도 없다고 했다. 두 학교의 차이는 남자학교와 남녀공학에 남녀 합반, 사립과 공립이라는 것뿐이었다. 이 두 가지가 차이를 만들었을까? 더 자세히 알아보고 싶었다. 준석이는 경훈이 선생님들과 게임 얘기를 하는 것이 부러웠다. 어쩌면 준석이가 부러워한 것은 자신에게 즐겁고 소중한 것을 신뢰하는 어른과 공유할 수 있는 경훈이의 상황이었을 것이다. 그런 분위기라면 소년들은 자신이 즐기는 게임이 통제나 금지의 대상이 아니라 세대가 다른 어른과도 얼마든지 대화 주제로 삼을 수 있는 긍정적인 문화활동으로 여길 수 있을 것이다. 숨어서 하거나 학교와 가정에서 들키면 안 되는 부정적인 것이 아니라는 말이다. 그런 상황들은 소년들이 비판이나 비난으로부터 자신이 안전하게 지낸다는 것을 확신시키고 그런 확신은 소년들에게 평온함을 주고 그런 평온함은 소년들의 내면을 단단하고 건강하고 아름답게 만들어줄 것이다. 우리가 원하는 것은 결국 소년들의 내면의 평화 아닌가!

달라도 괜찮아

준석 PC방에서 가장 많이 하는 건 롤, 피파, 오버워치, 배틀그라운드예요.

경훈 저는 초등학교 때 두세 번 PC방 가서 게임해봤다가 중학교에 와서 본격적으로 게임하고 있어요. 초등학교 함께 다니던 애들과 시작해 중학교까지 계속 그 게임을 하게 되는 거죠. 애들이 다 게임을 한 건 아니고 초등학교 때부터 게임하는 애들도 있고 그렇지 않은 애들도 있어요.

준석 저는 초등학교 때부터 집에 있는 컴퓨터로 피파를 하기 시작했어요.

경훈 우리 집 컴퓨터가 사양이 안 좋아서 피파랑 롤 중 하나만 깔아야 하는데 저는 피파를 더 좋아하니까 롤은 그냥 안 해요.

소년들이 주로 하는 게임은 리그 오브 레전드(롤 LOL), 배틀그라운드, 피파 등이다. 이는 2020년 11월 게임트릭스의 월간 게임 종합순위에서도 확인할 수 있다. 지금 언급한 네 가지 게임이 1~5위에 올라 있다. 게임 이름을 언급하는 이유는 게임 이름 자체가 마법의 단어와 같아 "너도 롤하니?" "마인크래프트는 여전히 인기 있니?" 등의 질문이 대화의 물꼬를 트기도 하기 때문이다.

유튜브의 경우 주로 보는 콘텐츠에 따라 알고리즘이 다르게 작동해 유튜브에서 내가 보는 세계가 옆에 있는 청소년과 전혀 다를 수 있다. 내가 유튜브 좀 보는 사람이더라도 동시대를 살아가는 청소년들과 접속하는 세계가 전혀 다를 수 있다는 말이다. TV, 잡지, 신문이 주류였던 시대와 달리 그들의 목소리를 직접 듣지 않으면 그들만의 유행을 발견하기 어려워졌다. 마법의 단어인 게임 이름으로 질문해 대화를 시작해보자. 롤의 경우, 공식홈페이지에 들어가면 학부모 전용 고객센터를 마련해 자녀의 게임 사용을 조절할 수 있도록 한다. 게임을 통제하는 대신 관심을 갖고 알아보자.

소년들은 광고에서 발견하는 새로 나온 게임도 해보지만

친구들이 많이 하는 게임을 주로 선택한다. 취향에 맞는가도 영향을 미치지만 주변 친구들이 어떤 게임을 즐기느냐가 게임을 선택하고 입문하고 지속하는 데 중요한 영향을 미친다. 그런데 마을 소년들에게서 발견한 것은 또래 집단에 속하기 위해 싫어하는 게임을 억지로 하거나, 가고 싶지 않은 PC방에 친구를 따라가는 경우가 없다는 것이었다. 단지 취향 존중으로 보일 수도 있지만, 이런 모습은 무리의 선택을 강요하지 않고 각자의 선택을 존중하는 분위기로부터 우러나오는 다양성을 존중하는 태도라 할 수 있다. 다수와 다른 선택을 한 사람을 따돌리지도 않았다. 롤을 안 하는 친구와는 피파를 하면 되었고 PC방에 안 가는 친구와는 공원에서 축구를 하면 되었고 축구를 싫어하는 친구와는 방과후교실에서 보드게임을 하면 되었다. 그들에게는 대안이 있었다. 선택지가 있었고 나와 다른 선택을 하는 친구에 대한 공감과 이해가 있었다. 무엇보다 그런 선택이 가능하고 상호 존중이 가능하다는 것을 배울 일상의 경험이 있었다.

동윤   롤은 안 해봤어요. 롤은 게임하면서 욕을 많이 한다고 들어 서로 욕먹고 싶지 않아서 시작도 안 했어요.

정희   롤하는 친구와 사촌이 있어서 본 적이 있는데 별로 하고 싶지 않더라고요. 게임 자체가 너무 복잡해 보이고 게임하다 보면 왠지 뭔가 너무 화날 것 같더라고요. 계정을 만드는 것도 귀찮아 안 했어요.

리그 오브 레전드는 청소년들 사이에서 '한 번쯤 해봐야 하는 게임'으로 알려져 있지만 마을 소년들이 선택하지 않는 여러 이유가 있었다. 경훈이는 컴퓨터 사양 때문에 롤 대신 피파를 선택했고 동윤이는 욕설이 많이 오가는 게임이라 아예 시작도 안 했다. 정희는 주변 사람들이 롤하는 모습을 본 후 하고 싶은 마음이 사라졌단다. 게임을 하면서 보였던 화내는 모습이 두려움과 불편함을 갖게 했다는 것이다. 계정을 만드는 과정도 문턱이 되었다.

언제든지 그만할 수 있지

준석 PC방에서 하는 날은 거기서 다 하고 왔기 때문에 집에서는 안 해요.

경훈 게임 안에서 해야 하는 이벤트가 있거든요. 하루에 할 만한 양이 있어요. 그 양을 채우면 그다음부터는 더 안 돌려도 상관없기 때문에 집에 와서는 거의 안 해요.

준석 보상받으려고 하는 거죠. 선수를 살 수 있는 게임상의 돈을 줘요. 게임 머니요. 현금 대신 시간을 투자하는 거죠. BJ 같은 사람들은 시간 투자하기가 어렵잖아요. 매일 방송해야 하고 매일 선수 스카우트하고 게임을 위한 돈이 계속 쌓여 있어야 하니까 현금을 거기에 쓰는 거죠. 현질(게임을 위해 돈을 지불하는 것)요. 어른들은 잘해 보고 싶으면 정기적으로 결제도 해요.

준석 '게임 중독'은 아직 잘 모르겠어요. 그런 사람을 보거나 만난 적이 없거든요. 중독의 위험성을 우리가 아직 모르는 걸까요? 게임을 한두 판 하면 질리더라고요. 다음 날 되면 또 하고 싶지만. 아예 안 하고 싶은 날도 있어요. 그런 날은 아예 안 하죠. 기분이 안 좋을 때 게임을 하면 잘 안 풀리더라고요. 기분 좋아지려고 게임하는 건데 지거나 망치면 기분이 더 안 좋아지더라고요.

경훈 대부분 준석이처럼 기분이 안 좋으면 게임을 잘 안 하는 것 같아요. 기분이 안 좋을 때 게임이 잘 풀린 적이 별로 없거든요.

정우 부모님이 게임을 별로 안 좋아하세요. 특히 롤을 부정적으로 생각하시죠. 아빠 아는 분이 롤이 막 나왔을 때 롤하다가 중독되셨대요. 그 분의 경우를 아니까 아빠에게 '롤은 나쁜 게임'이라는 인식이 박혀 있는 거죠. 그래서 12세 이용가인데도 못 하고 있습니다. 그래서 몰래몰래 하고 있죠(웃음). 부모님이

게임을 허용하시고 PC방에 대해서도 긍정적이시면 눈치 안 보고 다닐 수는 있겠죠. 거짓말 안 해도 되고. 그냥 그 정도?

양육자들이 가장 두려워하는 것은 어린이, 청소년들의 게임 과몰입 또는 게임 의존일 것이다. 정우 양육자 사례처럼, 대부분의 양육자는 주변에서 게임에 대해 듣고 경험한 부정적인 정보를 종합해 자녀에게 가이드라인을 만들어 통제한다. 이 때문에 양육자들과 좋은 관계를 유지하고 좋은 자녀 역할을 하고 갈등을 일으키고 싶지 않은 정우는, 가능하면 게임 안 하기를 선택하지만, 또래 문화에 속하기 위해 가끔 거짓말을 해가며 PC방에 가 롤을 하기도 한다. 정우는 양육자들을 거짓말로 속일 생각은 없다. 양육자들의 마음을 아프게 하거나 걱정시키고 싶지 않기 때문이다. 그렇지만 또래와 즐겁게 어울리는 것도 중요하다. 그래서 그 중간 지점, 자신의 내적 갈등을 해소할 방법을 찾아 적절히 눈치보고 적절히 '무해한 거짓말'을 한다. 정우의 거짓말은 무엇 때문일까? 성인들의 부정적인 판단 때문 아닐까? 소년들을 믿어 보면 어떨까?

물론 나도 청소년들이 시간이 많고 자유롭기만 하면 게임을 무절제하게 할 거라고 예상했다. 그러나 소년 당사자들이 들려준 얘기는 내 예상과 달랐다. 게임할 때마다 정해진 이벤트와 목표가 있는데 그것만 채우면 더는 하고 싶지 않다고 했다. 게임을 스스로 그만두는 것이 충분히 가능하다는 것이다. 그리고 컨디션이 안 좋은 날에는 게임이 잘 풀리지 않아 기분이 더 나빠질 수 있어 일부러 안 한다고 말했다. 자기 기분을 지키기 위해 몸 컨디션을 파악하고 게임에 적합한 상태인지 판단하고 감정을 보호하기 위해 '안 하기를 선택'한다니 놀라운 얘기였다.

몇 년 전 게임에 과몰입한 초등학교 6학년 남학생의 할머니가 게임을 멈추게 하려고 스마트폰을 가져가자 소년이 할머니를 때린 사건을 들은 적 있다. 게임 과몰입은 그만큼 개선하기 힘든데 할지 안 할지를 스스로 판단해 결정하다니 정말 멋진 소년이다. 게임에 과몰입해 스마트폰을 놓기 힘들어하는 소년과 언제든지 게임을 멈출 수 있는 소년의 차이는 도대체 어디서 올까? 게임이 여러 선택지 중 하나이기 때문에 가능한 것이다. 마을에서 노는 소년들은 게임이 아니더라도 재미와 즐거움을 충족시킬 여러 방법을 알고 선택할 수 있어 게임에서 목표를 이루면 동기가 사라져 게임이 피곤해지고 더는 안 하게 된다.

게임은 재미뿐만 아니라 사회적 관계도 유지해준다. 음성과 문자 채팅인 디스코드는 게임하는 청소년들이 널리 사용하는 메신저다. 소년들은 게임에만 몰두하지 않고 채팅을 통해 또래들과 소통하고 함께 즐거움을 나누고 공감하고 정서적으로 연결되는 것이다. 반면, 학교, 학원, 집 외에 선택의 여지가 없는 청소년에게 게임은 유일한 탈출구이며 친구/동료들과의 연결감을 느끼는 유일한 방법이다. 마을 소년들은 게임이 아니더라도 공감하고 정서적으로 교감할 방법이 많으니 게임이 제시하는 목표 달성만 동기다. 그 목표가 달성되면 아쉬움 없이 현실의 또래와 친구들 곁으로, 재미가 충분한 현실의 마을로 돌아오면 된다.

정우 티어는 언랭(언랭크드의 준말)이요. 레벨은 되는데요. 스트레스 받으면서까지 굳이 하고 싶진 않아서요. 일반 게임을 하고 있어요. 랭크 게임 몇 판 하면 티어가 정해져요. 순위가 정해지는 거죠. 그래서 등수가 오르내리고 일반 게임은 등수와 상관없이 그냥 할 수 있어요.

게임하는 이유는 분명했다. '재미'다. 그래서 정우는 리그 오브 레전드(롤)의 순위 시스템인 티어에 들어가지 않는다고 했다. 순위가 오르내리는 것이 스트레스니까. 이 마을에서 자란 소년들에게 어쩌면 경쟁은 이미 피하고 싶은 것인지도 모른다. 마을은 어릴 때부터 그들에게 남들과 경쟁해 싸워

이기는 것을 가르치는 대신 서로 돕고 돌보는 '함께'를 가르치는데, 즐겁기 위해 하는 게임에서 남들과 순위로 경쟁해야 하니 달갑지 않을 것이다.

티어에 들어가지 않기를 선택한 정우에게 가장 중요한 것은 스트레스 상황으로부터 자신을 지키는 것이었다. 자신을 지키는 것, 즉 자기보호는 정서적으로 건강한 상태일 때 가능하다. 이 소년들은 내외부의 스트레스로부터 자신을 보호하는 법을 알았다. 자신을 다치지 않게 하면서 즐거움을 누리는 것이 얼마나 중요한가.

정우 내년이면 3학년인데 입시 때문에 부모님이 게임하지 말라고 하시면 안 해야죠. 그래도 조금씩 하고 싶긴 해요. 중요해서라기보다 공부하다가 기분 전환이 필요하잖아요. 영화 보는 것도 좋은데 따로 시간내서 제대로 집중해서 봐야 하니 부담스럽죠. 게임은 시간날 때 짧게 할 수 있어 좋죠. 길어야 30분이니까요.

곧 중3이 되는데 게임을 금지당하면 어떡하냐고 질문하니 정우는 망설임 없이 바로 "안 하면 돼요."라고 답했다. 의외였다. 조금은 망설일 줄 알았다. 소년들에게 게임은 게임 그 이상이라고 생각했으니까. 그런데 아닌가 보다. 잠시 멈춰야 한다면, 양육자들이 자신의 게임에 대해 그렇게 부정적으로 생각한다면 안 해도 된다는 것이었다. 그렇지만 공부로 스트레스받는 와중에 조금씩 틈날 때마다 즐길 수 있는 것이 게임이라고 말을 이었다. 영화는 재미있지만 긴 시간을 내야 하고 경우에 따라 돈을 내거나 극장에 가는 등 제대로 공들여야 하니 게임보다 부담스럽단다. 게임은 길어야 30분이니 틈틈이 머리 식히기 좋은 수단이라는 말이었다. 정우의 말을 들으며 나는 설득되었다. 나도 그랬다. 일하다 지쳤을 때, 쉬고 싶을 때 잠시 유튜브를 보거나 게임을 했다. 영화는 부담스럽고 드라마는 중독성이 있었다. 게임하는 시간을 조절할 수만 있다면 게임은 좋은 여가생활이 될 것 같았다.

한편으로는 그런 생각도 들었다. 내가 고등학생 때 집에 있던 PC에는 테트리스와 벽돌깨기가 있었다. 쉽게 지루해지는 게임이라 오래 붙들고 있을 수는 없었다. 그렇지만 문제는 게임을 끝내고 책상 앞에 앉아도 눈앞에 테트리스 조각들이 떨어지고 벽돌깨기 공이 날아다니는 것이었다. 정우에게 그런 일이 벌어지지 않을까? 아, 어쩌면 이 소년들은 자신들에게 테트리스와 벽돌깨기의 잔상이 나타난다면 한동안 스스로 게임을 그만둘 수도 있을 것 같다. 그들의 판단력을 믿고 싶어지는 것은 내가 너무 낙관적이기 때문일까?

아빠와 함께 하면 얼마나 좋을까?

경훈　아빠와 게임하면 좋을 것 같아요.

준석　해 보고 싶어요. 그런데 아빠가 관심이 없어요.

경훈　아이들 대부분의 소원이예요. 부모님과 게임하는 것 좋을 거 같아요. 그런데 우리 아빠는 게임을 한 번도 안 하세요. 말씀드려봤는데 다 거절하셨어요. 엄마가 가끔 해 주시는데 아빠와도 해 보고 싶어요.

준석　우리 가족 중에 함께 할 사람이 아무도 없어요. 엄마, 아빠 다 안 해 주세요. 동생은 너무 어리고요. 그냥 뭔가 함께 해 보고 싶어요. 제가 가장 좋아하는 관심사를 아빠와 함께 한다는 것 자체의 의미가 클 것 같아요.

소년들에게 내가 아는 아들 아빠의 이야기를 들려줬다. 그에게는 중학생 아들이 있는데 아들과 친해지기 위해 게임을 시작했단다. 그 얘기를 들려주자 소년들은 모두 전에는 전혀 볼 수 없던 미소를 지었다. 말로 글로는 다 표현할 수 없는 표정이었다. 상상만 해도 행복한 것 같았다. 소년들의 표정 변화가 무척 드라마틱해 나까지 기분이 좋아졌다.

자신이 가장 좋아하는 일, 취미인 게임을 사랑하는 아빠와 함께 한다니 인터뷰에 응한 소년들은 모두 적극적으로 그것을 원한다고 표현했다. 그들이 그렇게 감정 표현을 잘했던가? 그만큼 간절히 원하고 있었다.

아빠와 서먹해진 관계를 슬퍼하거나, 다정했던 시절을 그리워하는 소년들을 꽤 만났다. 어렸을 때는 포옹도 자주 하고, 입맞춤도 있었는데 이제는 더는 그런 다정함이 없다는 것이다. 쓸쓸한 표정으로 그런 과거를 그리워하던 18세 남학생에게 숙제를 냈다. "오늘부터 매일 아빠를 꼭 껴안아 드려요. 아무 말도 말고요." 그 학생이 얼마 후 수업에 들어와 어떤 변화가 있었는지 들려주었다. "처음엔 아빠가 어색해하시더니 며칠 지나니까 용돈을 주시더라고요, 아빠도 좋으셨나 봐요. 하하." 우리는 다 같이 웃었다. 소년과 아빠의 어색하지만 따뜻해진 마음이 전해졌다.

게임하며 배우는 것들

준석 게임하면서 쓰는 말 중에 '정치질한다'라는 표현이 있어요. 대표적으로 롤, 옵치(오버워치) 같은 팀 게임에서 많이 등장하는데요. 한두 명이 채팅에서 주도권을 쥐고 일방적으로 역할을 나누고 지시하고 게임 전반을 마음대로 하려는 행동을 말하죠. 어른들이 쓰는 '정치' 개념과는 전혀 다를 거예요.

경훈 게임에서 쓰는 '정치질'은 일방적으로 자기 의견대로 아이들에게 시키는 거고요. 어른들의 '정치질'은 제가 모르는 거죠(웃음).

준석 권력을 쥐고 장악하는 걸 말하죠.

경훈 채팅에서 혼자 그냥 다 시키는 거예요. 게임상 독재라고 할 수 있어요.

준석 그런데 게임을 잘하는 사람이 팀 코치를 해주면 다른 팀원들이 할 말이 없겠죠. 가장 잘하는 사람이니까요. 팀을 이끌 주도권을 그에게 맡겨 흐름이 그를 중심으로 돌아가야 게임이 잘 풀리니까요. 그런데 실력도 없는 사람이 그런 행동을 하면 '왜 정치질 해? 그만해!'라고 욕하죠. 실력 좋은 사람이 한다고 다 괜찮은 건 아니지만 그의 주도적인 행동을 대놓고 뭐라고 하진 못해요. 이기는 게 중요해요.

게임을 하면서 소년들은 새로운 단어를 배우고 쓰기도 한다. 게임 공간이 언어를 배우는 장이다. 게임 관련 단어는 물론 게임 밖 현실 세계에서 쓰이는 단어를 조금 다른 맥락으로 배우게 된다. 대표적인 단어가 '정치(질)'이다. 현실에서 쓰일 때는 한 개인이나 집단이 공동체나 조직 안에서 힘이나 유리한 위치를 갖고 이익을 취하기 위해 선동하고 조작하는 등의 행위를 말한다. 그런데 청소년들이 이해하는 '정치(질)'은 달랐다. 게임에서 쓰일 때는 팀 패배의 책임을 게임 전략을 주도한 한 명에게 전가하거나, 소년들의 설명처럼 다른 팀원들의 의견을 존중하며 협동, 협력하지 못하고 다른 사람들에게 일방적으로 시키는, 일종의 독재적 행동을 그렇게 표현하고 이해하고 있었다. 그렇지만 자신들이 사용하는 단어가 현실에서 쓰이는 용례와 의미가 다르다는 것을 알고 있었다.

소년들은 모국어를 익히듯 게임 공간에서 언어를 습득하고 있었다. 외국어를 배울 때 사전적 의미를 명확하게 파악해 단어장을 만들고 예문을 적어가며 이해하고 외우며 적확하고 정확하게 단어를 쓰기 위해 노력하는 것과 달리 게임상 대화, 채팅 도중 낯선 단어가 등장하는 맥락과 쓰이는 용례 등을 몇 번이나 듣고 외우고 익히며 마침내 그 단어를 사용할 수 있다. 게임 공간은 10대 소년 또래만 머무는 곳이 아니다. 20대 청년, 30대 이상 성인도 함께 만나고 서로 나이나 환경 등을 모른 채 어울려 서로의 언어를 유통시키고 그 안에서 새롭게 의미화하고 현실의 의미와 달라진 단어들을 일상적으로 유창하게 쓴다.

이 마을 소년들은 현실 속 성인들이 쓰는 언어와 게임상 언어를 구별하고 있었다. 이것이 가능한 것은 소년들이 양육자 세대와 단절되지 않고 꾸준히 대화하면서 연령과 학령에 맞는 어휘를 습득하고 있었기 때문이다. 함께 놀고, 모여서 TV 보고, 밥 먹으면서 이야기 나누고 어른들 모임 한편에서 그들의 대화를 들으며 일상의 말을 배워가는 '서당 개' 몇 년을 보내는 것이다.

동윤 어몽어스도 좀 해봤어요. 그 게임에 들어오는 사람 중에 '비매너 유저'가 많아 좀 싫더라고요. 예를 들어 자기 하고 싶은 역할이 안되면 그냥 나가는 경우도 있어요. 자기 마음에 안 들면 나가버리죠.

팀플레이를 하는 게임의 경우, 아는 사람들로만 구성된 팀으로 게임하기 어려운 경우가 많은데 그때 만나는 낯선 사람 중 협력이 잘 안 되거나 팀플레이 규칙에 순응하지 않거나 못하는 사람들이 있는데 소년들은 그들을 '비매너 유저'라고 부르고 그들이 게임 플레이를 재미없게 만든다고 했다.

소년들은 게임 공간에서 '정치질'과 같은 언어를 배우지만 게임을 함께 하는 일시적인 공동체 안에서 갖춰야 하고 권장되는 태도인 '매너'도 배우게 된다. '비매너' 개념은 '매너' 개념이 있어야 성립되므로 그들은 '비매너'에 어떤 행동이 포함되는지 알게 되면서 게임에 참여하는 다른 사람들에게 '매너' 좋은 유저가 되기 위해 어때야하는지 깨닫는다. 이 경우 매너란, 내 역할이 마음에 다소 안 들더라도 게임의 전체적인 흐름을 위해 양해하거나 게임에서 나가고 싶어도 함께 게임하기로 한 구성원 모두의 즐거움, 처음 참여했을 때의 암묵적 약속(이 게임에 끝까지 참여한다)을 지키기 위해 하는 노력을 말한다. 이런 '공동체 매너' 없는 유저를 만났을 때 소년들은 자신이 중시하는 '상호존중'이 지켜지지 않았다고 여기며 불쾌하고 불편한 마음을 갖는 것이다. 중요한 것은 누군가가 매너를 지키지 않았을 때 내 마음이 불편해지는 것을 알아차리고 그 불편함을 무시하지 않고 존중하는 것이다. 그래야만 다른 사람의 마음이 불편해지는 것도 존중할 수 있다.

준석 롤은 배틀그라운드(이하 배그)나 오버워치와 다르고 피파는 또 달라요. 배그와 오버워치는 유료게임이예요. 일단 게임을 구입하는 데 돈이 들지만 게임 안에서는 레벨을 올리기 위해 돈을 쓰진 않아요. 그런데 피파는 돈을 더 내면 더 좋은 선수를 살 수 있어요. 실력이나 노력과 상관없이 팀이 더 강해지는 거죠. 옵치나 배그와 다르죠. 그 둘은 실력과 노력으로 승부하는 기분이예요.

경훈 옵치, 배그에서는 현질해도 예쁜 스킨으로 바꿀 수 있지 능력치가 달라지진 않아요. 현질이 의미가 없죠.

준석 그런데 롤이 좋은 게 롤도 똑같이 현질은 의미가 없어요. 원래 그런 게임들은 거의 다 현질을 해야 자기 능력치를 올릴 수 있는데 롤은 그런 게 없거든요. 현질 안 해도 무료로 다

운받아 실력만 있으면 내 실력대로 할 수 있는 게임이죠. 그런 게 중요해요. 피파는 이벤트에 참여하지 못해 보상을 못 받으면 게임을 할 수 없어요. 못하게 될 수밖에 없어요. 뒤처지죠. 선수들이 약해져 나가떨어지고 수비도 못 하고 몸싸움에도 약해져요. 그래서 다섯 골씩 먹고. 그래서 항상 이벤트에 참여해 보상을 받죠. 게임 머니요.

소년들은 게임 안에서 현금을 지출하는 '현질'이 게임 내 순위, 능력치, 레벨 등에 영향을 미치는 것을 부정적으로 생각했다. 피파의 경우 '현질'로 좋은 선수들을 자기 구단으로 영입할 수 있었는데, 현실의 돈을 갖지 못한 소년들은 게임 회사에서 진행하는 이벤트에 참여해 그 보상으로 게임 안에서 쓸 자금을 확보했다. 이 자금이 없으면 기량이 좋은 선수를 영입할 수 없고 팀 컨디션도 나빠진다고 했다. 돈을 가진 게임 이용자들은 비용을 지불해 시간과 노력을 적게 투자해도 훌륭한 실력과 컨디션의 팀을 갖게 된다.

이런 부당함에 대한 불만은 마을 소년들만 가진 것은 아니었다. 피파 온라인을 만들고 운영하는 게임회사 넥슨의 피파 자유게시판에는 이벤트와 보상에 대한 불만을 표시한 글이 제법 눈에 띈다. 심지어 피파와 넥슨을 향해 저주를 퍼붓는 글도 꽤 있었다.

소년들은 그런 점에서 롤이 좋다고 했다. 무료로 다운로드받을 수 있고 실력만 있으면 게임 내 현질과 상관없이 잘 성장할 수 있다는 게 이유였다. 그에 비해 피파는 시간과 노력을 투자해도 게임에 돈을 쓰는 사람을 당할 수 없다는 것이다. 자신들의 시간과 노력을 누군가는 돈으로 살 수 있는 상황에 대해 불편한 마음을 비쳤다. 그들이 돈을 갖지 못해 기회를 박탈당하는 경험을 하고 이것은 부당하다는 문제의식을 갖게 했다. 최근 화두가 된 공정함과도 관련 있었다. 마을 소년들이 온라인에서 큰 목소리를 내는 사람들과 다른 점은 돈만 있으면 더 많이 누릴 수 있는 상황을 당연하게 받아들이지 않는다는 것이었다.

PC방 안 가는 소년들

동윤, 정희　PC방은 아예 안 가봤어요.

동윤　PC방 간다고 하면 게임하러 가는 건데 그만큼 즐겨 하는 컴퓨터 게임이 있는 것도 아니라서요. 요즘은 재미있는 게임이 별로 없어요.

정희　요즘 바쁜 일이 많아요. 집에 가서 해야 할 것도 있고요. 요즘 스케줄이 정말 빡빡하거든요. 바빠서 게임을 별로 안 해요. PC로 하는 건 귀찮아서 안 하고요. 스마트폰으로 하는 모바일 게임은 잠깐씩? 학교에 게임하는 아이들이 있는데 그렇게 많진 않은 것 같아요.

동윤　요즘 남는 시간이 없어서 게임을 못 해요. 방학 되면 또

달라지겠지만 놀러 다닐 것 같아요. 옛날에는 방학 때 여러 게임을 해봤는데 요즘은 그렇지도 않아요. 이번 방학 때는 어떨지 모르겠어요.

대안학교에 다니는 동윤과 정희는 PC방에는 가본 적이 전혀 없다고 했다. 나도 가본 적이 없으니 그럴 수도 있겠지만 요즘 10대들은 PC방에 안 가면 대화가 안 되는 것 아니었나? 대안학교 학생들이라서 다른가?

2020년 발간한 남성 청소년 문화연구 보고서 「소년들을 만나다」에 등장하는 혁수 사례를 보면 PC방은 혁수 친구들의 사랑방, 거점 공간, 아지트 역할을 했다. 학교 근처에 단골 PC방이 있어 하교 후 다 함께 가거나 서로 연락하지 않아도 만날 수 있다는 것이다. 그런데 동윤과 정희는 한 번도 가본 적이 없다고? 한 번쯤 가보고 싶지만 지금은 코로나 때문에 그마저도 꺼려진다고 했다.

대안학교 학생들은 수업과 과제가 있는 학기 중에는 너무 바빠 게임을 못 한다고도 했다. 동윤과 정희는 학교 방침 때문에 스마트폰을 소지하거나 학교에 가져가지는 않지만, 집에서는 자유롭게 쓸 수 있는 태블릿 PC와 스마트폰 기기가 있다고 했다. 모바일 게임과 유튜브 시청은 주로 그 기기로 했는데 요즘은 바빠 그마저도 못 한다는 것이었다.

이 대안학교에서 진행한 중등과정 고학년의 오전 수업에서 상당수 학생이 피로를 호소하며 밤늦게까지 넷플릭스, 유튜브 등을 보다가 늦게 잠들어 그렇다는 말을 떠올리면 동윤과 정희도 밤늦게까지 태블릿 PC와 스마트폰으로 게임을 할 만도 한데 그러지 않았다는 것이다. 그들의 얘기만 들으면 게임, 스마트폰 과몰입은 어느 세상에 사는 청소년들의 이야기인지 가늠하기도 어려웠다. 학교생활이 바빠 짬이 없을 때, 나라면 그 스트레스 때문에 더더욱 게임을 하고 싶을 텐데 말이다.

정우　PC방은 안 가요. 부모님이 싫어하세요. 전에 몰래 간 적이 있는데 그때 이후로 집의 컴퓨터 환경을 PC방보다 좋게 해줄 테니 PC방은 가지 말라고 하셨어요. 그래서 안 가요. PC방이 저한테는 좁아요. 저는 팔을 넓게 벌리고 게임하는데 칸이 너무 좁아 어떻게 해도 불편하더라고요. 모니터도 작고 헤드셋도 불편해서 안 다녀요. 그런데 사실 친구들과 놀러 갈 때 몇 번 간 적은 있어요. 갈 때마다 집보다 훨씬 불편했어요.

게임하러 PC방에 간다기보다 친구들과 어울려 놀러 간다는 기분으로 갔어요. 웬만하면 안 가는데 집에서 게임을 못 하게 하면 친구들과 놀다 올 생각으로 몇 번 갔는데 그렇게 많진 않아요. PC방 자체에 대한 부모님의 인식이 안 좋으세요. 게임 폐인들이 가는 데라고 생각하시거든요. 사람도 많고 요즘은 코로나 때문에 더더욱 가지 말라고 하시고요.

내 주변에는 다양한 양육자들이 있었다. 쾌적하고 건전한 분위기의 PC방을 골라 정액권을 끊어주고 가끔 함께 게임하고 시간을 보내는, PC방은 절대로 가지 말라며 집을 PC방처럼 꾸미고 집에서만 게임해야 한다고 통제하는, 게임도 PC방도 안 된다고 원천적으로 금지하는, 그밖에 불건전하고 건강하지 못한 게임과 PC방으로부터 자녀를 지키기 위해 다양한 시도를 하는 양육자들이 있었다.

충분히 이해한다. 나도 그럴 것 같다. 그렇지만 내가 자란 시절을 떠올려 보면 그렇다. 1980년대 소녀 소년들에게 가장 불건전하고 건강하지 못한 공간은 만화방과 오락실이었다. 나는 겁 많고 의외로 규범적인 소녀여서 이 두 공간을 제대로 즐겨 본 적이 없다. 누가 가지 말라고 한 적도 없다. 한두 번 친구들과 가보고 내 취향이 아니라 흥미를 갖지 않았다. 통제나 금지가 없었지만 스스로 갈지 말지 선택할 수 있었다. 나는 만화방과 오락실보다 골목에서 뛰어노는 것을 좋아했다. 해 질 때까지 고무줄놀이, 말뚝박기, 돈까스를 하거나 친구들을 집으로 불러 공기놀이, 딱지치기, 사방치기, 땅따먹기는 물론 그때 최고 인기였던 보드게임 '부루마블' 하는 게 더 즐거웠다. 그에 비해 만화방과 오락실은 어둡고 공기가 탁했다. 그곳에 있는 어른들의 음습함도 싫었다. 가끔 주인 아저씨들의 불쾌한 신체 접촉도 무서웠다. 무엇보다 함께 노는 게 아니라 혼자 몰두해야 하는데 그렇게 놀고 싶진 않았다. 친구들과 부대끼며 놀고 싶었다.

놀아 본 사람이 노는 사람의 마음을 이해한다고 나는 이 소년들에게 통제 대신 자유를 주어도 그들의 선택은 같을 거라고 생각한다. 마을 소년들은 쾌적하고 안전하게 놀아 봤으니 그렇지 않은 환경은 선택하지 않을 것이다. 오히려 금지와 통제는 소년들에게 소소한 거짓말을 익숙하게 할 뿐이다. 통제하지 말고 마음을 전하자. 소년들이 안전한 놀이 환경에서 충분히 즐기길 바란다고 우리가 그들을 보호하고 통제하고 싶은 이유는 그것 아닐까?

스마트폰은 언제부터?

선영 마을 안에 있는 초등학교에는 드물게 하교 문화, 등교 문화가 있어요. 아이들이 가방을 메고 떼를 지어 학교에 가고 집에 오는 거요. 다른 지역에는 없지 않나요? 대단지 아파트 근처의 학교들을 보면 스쿨 버스, 학원 버스를 이용하거나 부모가 데려다주잖아요. 그런데 이 동네는 우리 어릴 때 학교 다녔던 것처럼 그렇게 다녀요. 아직 그런 문화가 남아 있어서인지 조금 안정감이 있죠. 등교, 하교 길이 걱정되는 부모들은 아이 손목에 뭐 하나를 채워놓고요. 아이가 교문을 나서면 부모에게 '하교했습니다'라는 문자가 가거나 손목시계 같은 키즈폰으로 통화하는 부모도 있어요. 우리 방과후교실에 오는 아이들은 그런 게 없어요. 올 시간 되면 그냥 오죠. 아이들에게 연락해야 하면 여기로 하면 되고요.

  책방 겸 방과후교실에서 만난 청소년들에게 스마트 기기를 언제 처음 가졌는지 물어보니 중학교 입학 때부터라고 대답했다. 주변 초등학생들이 대부분 스마트폰을 가진 것을 보다가 이 마을 청소년들은 중학생이 되어서야 개인용 스마트폰을 갖는 다니, 너무나 새로웠다. 그것이 어떻게 가능한지 궁금했다. 자녀를 마을 한가운데 초등학교에 보내는 선영의 대답이 조금은 설명이 되었다. 아침에 목격하는 마을 안 초등학교 주변의 등교 모습은 자신이 경험한 것과 비슷하다고 했다. 아이들이 스마트폰이나 전화기를 갖지 않았던 시절 말이다. 아이들끼리 가방을 메고 떼를 지어 학교에 가고 끝나면 또 그렇게 걸어서 집으로 돌아오거나 각자 방과 후 시간을 보내야 할 정해진 곳으로 이동한다는 것이다. 그래서 하교 후 있어야 할 장소가 정해신 아이들에게 따로 연락해야 할 통신 수단이 필요진 않다는 설명이었다. 또 꼭 연락해야 할 경우라면 집이나 방과후교실로 연락하면 된다는 것이다. 맞다. 그랬다. 지금 청소년들의 양육자 세대는 그런 시절을 보내지 않았던가!

선영 이 방과후교실에서는 스마트폰 사용이 금지예요. 건물 안에서는 통화도 금지예요. 작업 때문에 촬영하는 경우가 아니면 전혀 쓸 수가 없어요. 여기서 사용하지 못하니 별로 필요 없는 거죠. 일상에서야 전화할 일이 별로 없고 집에 가 스마트폰으로 뭔가를 할 것도 아니니까요. 아이들이 여기서 6시쯤까지 있다가 집에 가니까 별로 사용할 일이 없는 것 같아요.

아이들이 스마트폰 사달라는 게 가장 큰 걱정이잖아요. 그래서 부모들끼리 약속을 해요. '우리는 사주지 말자'고요. 아이들이 어릴 때 중학생은 되어야 살 수 있다고 말해 주는 거죠. "네가 중학생이 되면 사줄게"라고 약속하는데 쉽지 않아요. 주변에 스마트폰 가진 아이들이 너무 많으니까요. 그래서 5~6학년쯤 되면 스마트폰 없는 이상한 아이가 되는 거죠. 경훈이, 준석이는 6학년 때 걔들 둘만 핸드폰을 썼을 거예요. 스마트폰 없이요. 경훈이, 준석이 둘은 친구 사이이고 부모들도 서로 잘 아니까 가능했죠. 우리 아이는 지금 초등 3학년인데 벌써부터 걱정이예요. '미리 사줘야 하나?'라는 생각이 들어서요. 스마트폰을 갖는 연령이 점점 내려가니까요.

통신기기를 사용해야 할 '필요성'이 아이들의 기기 소유의 중요한 이유가 되기도 하지만 또 다른 중요한 이유는 '나만 스마트폰 없어'였다. 그런 이유로 스마트폰 구입을 원하는 자녀들에게 합리적인 근거를 마련해 주기 위해 양육자들끼리 중학교 입학 전까지는 스마트폰을 사주지 말자고 약속한다. 또 아이들이 즐겁게 노는 방과후교실에서는 스마트폰 사용 금지를 원칙으로 하고 있다. 통화하려고 해도 건물 밖으로 나가야 하고 스마트폰 게임보다 재미있는 것들이 더 많은 방과후교실이니 스마트폰이 필요 없는 것이다. 그래서인지 내가 진행한 수업에 몰입하도록 학생들에게 스마트폰 수거를 요청하자 별 저항 없이 순순히 따라주었다. 그래도 쉬는 시간이 되자마자 자신의 스마트폰을 돌려받아 신나게 게임을 했지만 말이다. 적어도 그들은 스마트폰과 떨어진 상태로 옆사람에게 집중하는 시간, 함께 있는 사람들과 교감하는 시간을 보낼 줄 안다.

동윤 제 스마트폰은 없어요. 어차피 집 아니면 학교에만 있으니 별로 필요한 줄도 모르겠어요. 초등학교 2~3학년이면 스마트폰을 갖는다고요? 글쎄요. 주변에 그런 사람이 없어서 잘 모르겠어요.

나윤　우리 학교는 초등과정부터 부모님들이 집에서부터 스마트 기기를 관리하시는 것 같아요. 그 점에 대해 부모님들끼리 단결하시는 것 같아요. '○○살까지는 스마트폰을 사주지 않는다', '컴퓨터 사용도 규칙을 정해 쓰도록 한다' 등이죠. 중등과정에는 어쩌다가 학년에 한 명 정도 스마트폰을 가진 학생이 있는데 그런 경우도 마음대로 못 쓰도록 부모님이 제한을 걸어 놓은 상태더라고요.

윤희　초등과정부터 학생과 부모를 대상으로 스마트 기기 이용 교육을 꾸준히 해왔어요. 요즘 초등학교 학생들은 키즈 워치 정도는 다 갖고 있잖아요. 그런데 우리 학교에는 그런 기기는 학교에 가져오면 안 된다는 규칙이 있어요. 급한 통화를 해야 할 때는 학교 안에 설치된 공중전화로 하죠. 부모에게 콜렉트 콜로 전화하면 되니까요. 핸드폰 등의 기기가 하교 때문에 아이에게 필요한 경우에는 담임 선생님과 부모가 의논해 하교 때만 꺼내 쓰게 하죠. 부모님들과 그런 얘기를 많이 했어요. 우리 학교에 자녀를 입학시키는 부모님들은 스마트 기기, 통신기기 관련 학교 방침에 이미 동의하시고 그런 방향으로 나아가야 한다고 생각하시죠. 가정에서도 어떻게 해야 할지 부모님들과 고민하기도 해요. 이렇게 학교와 부모님들이 함께 노력하는 상황이더라도 아이들이 중학교에 진학하면 스마트 기기 문화가 훅 들어오죠.

마을 대안학교에서는 스마트폰, 핸드폰, 태블릿 등의 개인용 스마트 기기를 중등과정까지는 소유하지 않거나 등교할 때 지참하지 않는 것을 입학할 때부터 양육자와 합의하고 이후에도 실시되는 양육자교육을 통해 합의를 꾸준히 확인한다. 그래서 〈디지털 원주민을 위한 생존 안내〉 수업에 들어갔을 때 스마트 기기가 없다고 대답하는 학생이 다수였고, 양육자가 사용하던 공기계를 와이파이 환경에서만 사용한다는 학생이 몇 명 있었고, 자기 것으로 통신사 개통을 하고 데이터 사용도 가능한 기기가 있지만 학교에 가져오진 않는다고 대답한 소수가 있었다. 일반학교에 다니는 또래 청소년을 상상하며 설계했던 수업이 어긋나고 미끄러지는 순간이었다.

학교 학생들 간에는 학교와 양육자와의 이런 통신기기와 스마트 기기 관련 합의 때문에 발견되는 또래 압력이 있다. 바로 동료 학생 중 누군가가 스마트 기기를 가져오거나 쉬는 시간에도 꺼내 사용하면 "야! 그거 왜 꺼내?"라거나 "선생님! ○○가 핸드폰 써요!"라고 알린다는 것이다. 주변 초등학생

양육자들이 "내 친구들은 다 갖고 있어!"라는 자녀의 성화에 못 이겨 저학년 때부터 스마트 기기를 사주거나 허용하는 데 비해 이 대안학교와 학생, 교사, 양육자 3자 주체의 입장은 이 문제에 단호했다.

윤희 이 학교 초등과정 교사로 있으면서 느낀 것은 아이들의 문해력이었어요. 스마트 기기를 빨리 접할수록 글을 읽고 해독하는 능력이 많이 떨어지는 것으로 추측되는 상황에서 이 학교 초등과정의 분위기는 스마트 기기 이용 시기를 최대한 늦추면서 문해를 익혀야 할 중요한 시기를 보장하는 거죠. 그 시기에 텍스트를 많이 읽고 감수성이나 이해력을 높인 후 순차적으로 기기를 이용하게 하는 것이 바람직할 것 같아서요.

그리고 그런 기기를 많이 볼수록 정신 건강에도 좋지 않다고 하잖아요? 그래서 글을 손으로 쓰게 하고 손글씨도 최대한 많이 연습시켜요. 손목 힘 기르기는 초등학생 때 이뤄져야 하잖아요. 그래서 우선 그 시기에는 그런 활동에 집중하고 스마트 기기 이용은 좀 미루는 거죠. 그래서 아이들이 초등과정 고학년 때 쓰는 에세이의 타이핑은 대부분 부모님들이 해주세요. 학생 자신이 타이핑치는 것도 중등과정 와서야 처음 해볼 겁니다. 어떻게 보면 다른 일반학교 아이들보다 늦게 익히는 것일 수도 있어요.

나윤 자기 이메일 계정도 중등과정 와서야 처음 만들었대요. 저는 아이들의 실제 삶과 성장에 필요하고 도움이 되는 것들은 현실 세계에 있다고 생각해요. 사람을 만나고 소통하고 사회생활을 배우고 기본적인 삶의 방식을 익히는 것이 우선인데 초등학교 때까지는 거기에 집중해야 하니까 그렇게 노력하는 거라고요. 부모님들의 동의와 협력도 중요하죠. 학교에서만 한다고 가능한 건 절대로 아니에요. 이런 문화가 만들어지는 건 학교와 부모 둘 다 같은 지향성을 갖기 때문이죠.

교사들은 어린이와 청소년들이 기본적으로 갖춰야 할 문해력과 생활기술을 스마트 기기를 갖기 전에 충분히 익혀야 한다고 생각했다. 스마트 기기로 디지털 기술을 익히기 전에 현실 세계에서 반드시 습득해야 할 기술들을 충분히 배울 기회를 가져야 한다는 것이다. 맞는 말이다. 청소년 대상 수업을 처음 시작한 2013년 수업시간에 책의 주어진 단락을 읽고 즉석에서 감상을 써보라는 과제를 냈다. 한 학생이 아무것도 쓰지 못한 채 머뭇거렸다. 이유를 묻자 "컴퓨터가 없어서 못 쓰겠어요. 저는 자판을 두드려야 머리가 돌아가거든요. 손으로는 써본 적이 없어요."라고 대답했다.

　그때 나는 말도 안 되는 변명이라고 생각했다. 창의적인 생각은 노트와 연필에서 나온다고 굳게 믿었던 나는 (그야말로 '꼰대'에 '라떼' 아닌가!) 그 학생이 내 수업에 불성실해 그러는 거라고 잘못 판단하고 있었다. 화를 내거나 꾸짖진 않았지만 어려움을 호소하는 학생에게 그래도 한두 줄이라도 써보라고 격려하는 것으로 원망하는 내 속마음을 감췄다. 이 지면을 빌어 그때 그의 당황스러움과 고통에 공감하지 못한 데 사과하고 싶다. 그는 주어진 20분 동안 겨우겨우 감상 두 줄을 써냈다. 그가 그토록 악필일 줄 몰랐다. 나도 글씨를 또박또박 예쁘게 쓰진 못하지만 적어도 남들이 알아볼 정도로는 쓰는데 그의 글씨는 추상화에 가까웠다. 충격이었다. 19세 청년의 글씨가 이렇다니. 그는 이미 디지털 환경에서 성장한 디지털 원주민이었을 것이고 그의 성장환경은 그의 손, 그의 쓰기 능력, 손과 연결된 뇌의 능력을 그렇게 변화시킨 것이었다. 그 이후 나는 기회만 되면 손으로 쓰기를 시켰다. 종이와 펜을 주고.

　교사들은 문해력을 이야기한다. 요즘 어린이와 청소년들이 글을 읽지 않거나 못하는 것은 아니다. 웹 소설 같이 제법 분량이 있는 글이나 정보를 전달하는 게시판의 게시글, 트위터의 단문 등을 열심히 읽는다. 그렇게 온라인의 읽기 능력이 되는 이들도 종이책을 들여다볼 때 어려움을 겪는 경우가 있는 것 같다. 이런 차이는 도대체 어디서 올까? 비단 어린이와 청소년만의 문제는 아닐 것이다. 포털 사이트 뉴스의 댓글들을 보라. 헤드라인과 본문을 오독해 기자의 의도와 전혀 다르게 읽고 댓글을 다는 사람들이 흔하다.

나윤　요즘 온라인 문화가 아이들 개인에게 큰 영향을 미친다고 생각해요. 어른들에게도 마찬가지잖아요. 아이들에게는 작은 광고 하나도 큰 파장을 일으키더군요. 그런 영향을 생각하면 먼저 분별력과 자기인식 능력을 키우도록 해야 할 것 같아요. 부모, 교사, 주변 어른들이 그런 감각을 키울 환경을 경험시켜 주는 것이 최선인 것 같아요.

유튜브에서 영상 하나 보려고 해도 광고가 뜨잖아요. 너무 민망한 광고들이 뜰 때마다 '아! 아이들이 매일 이런 걸 접하겠구나!'라고 생각하죠. 아이들과 함께 보려고 하는데 광고가 너무 낯뜨거웠어요. 그런 광고로부터 아이들이 아무렇지도 않게 메시지와 인상을 받겠다고 걱정해요. '7학년쯤 되면 이미 다 알겠구나!'라고 생각했죠.

수업할 때도 보면 아이들이 생각하고 흡수하고 받아들이는 것이 무척 빠르고 13~14세면 변화가 큰 시기인데, 그런 시기에 온라인 세계에서 접하는 문화, 메시지, 논리가 걱정되죠.

나윤은 어린이, 청소년들이 일상적으로 경험하는 온라인 문화의 부정적 영향을 걱정했다. 동영상 플랫폼인 유튜브 광고를 예로 들었다. 이용료를 내고 시청하는 경우가 아니라면 유튜브 동영상에 딸린 광고를 고스란히 시청해야 하는데 이때 등장하는 광고들이 무척 당황스럽다는 것이었다. 나는 그 광고가 보기 싫어 시청료를 내고 있지만 그렇지 않은 경우 예고도 없이 불쾌한 광고를 봐야 한다.

유튜브가 사용자의 동영상 시청 패턴을 분석해 추천하는 알고리즘에 대해서도 비슷한 말을 들었다. 자신의 스마트폰으로 손녀가 요구하는 동영상을 찾다가 성인 대상 동영상이 주르륵 떠 민망했다는 한 할아버지의 경험담이었다. 그런 이유 때문인지 다른 지역의 또래 청소년들에게 "음란물을 어디서 처음 봤니?"라고 묻자 "아빠 핸드폰으로 〈뽀로로〉, 〈시크릿 주주〉를 보다가 자동 재생되는 바람에"라는 대답이 적지 않았다. 이렇게 온라인 문화를 접하고 영향을 받는 것이 피할 수 없는 현실이라면 그것을 분별힐 능력을 기르도록 도와주는 것이 교사, 양육자, 주변 어른의 역할이라고 나윤은 말하고 있었다. 아! 그래서 이 마을 청소년들은 이렇게 달랐던 걸까?

윤희　중등과정 고학년인 8~10학년 학생들은 스마트폰에 의존하는 편이에요. 손에서 거의 놓지 않는 것 같아요. 8~9학년은 스마트폰 사용에 자율적인 편이거든요. '수업시간에는 사용하지 않는다' 정도로요. 그래서인지 쉬는 시간에 6~7학년은 탁구를 치는 반면, 8~9학년은 스마트폰을 보고 있어요. 자기 개인용 스마트폰을 다 갖고 있으니까 그렇게 손에서 놓지 못하는 거죠. 알림이 뜨기라도 하면 확인해야 하니까요. 대부분의 일상이 그렇게 되는 것 같아요.

나윤　그런데 학생들이 수행해야 하는 과제 프로젝트 특성이 이런 미디어기기를 이용해야 하는 것이긴 해요. 그래도 6~7학년은 프로젝트 시간만 과제를 하려고 하는데 8학년 이상은 과제 시간 외에도 작업하고 자료 링크를 주고받고 서로 소통하거든요. 그러니까 얘네들이 교실에서 스마트폰을 보고 있어도 프로젝트를 하는 건지, 게임을 하는 건지 판단하기가 어렵죠.

그래서 개입하기 망설일 때가 있어요. 현재 고학년에 대해서는 자율적인 PC 사용 존중, SNS 사용 존중처럼 그렇게 자신의 판단에 맡긴 상태예요. 비대면 수업을 하면서 온라인 카페에 과제를 올리는 등의 활동을 시작했는데 그 이후부터는 7~8학년 학생중에도 공책에 손으로 써서 제출하는 대신 카페에 글쓰기 과제를 게시하는 것으로 제출하는 경우도 있어요. 그래

　　PART 2

도 6~7학년(11~12세)은 교사의 말이 먹히는 시기죠. 어린이와 청소년의 중간이라, 조금만 지나면 코웃음 치며 안 듣겠지만 지금은 조금 먹혀요. '프로젝트 시간 외에는 컴퓨터, 스마트폰 사용 안 된다'고 말하면 잘 들어요.

학교, 양육자, 또래가 이렇게 스마트 기기의 이용을 통제하고 스마트폰 밖의 삶으로 이끌려는 노력을 꾸준히 하지만 한 번 스마트 기기를 손에 쥔 후에는 삶이 완전히 달라지고 이전으로 돌아가는 것은 어려워 보였다. 현재 8~9학년이 7학년일 때 이동학습(수업을 위해 집과 떨어진 먼 곳에 장기간 체류하는 것)을 떠났는데 그때 양육자들이 학생들에게 스마트폰을 사줬다고 한다. 그 이후로는 학교 관련 공지, 회의, 과제 등 모든 것이 스마트폰 기반으로 이뤄져 때로는 6~7학년과 달리 수업시간에도 스마트폰을 보는 경우가 있다는 것이다. 내가 이 학교에서 처음 했던 수업에 참여한 몇 명의 고학년이 수업시간에 스마트폰을 책상 위에 올려놓고 수시로 확인하곤 했다. 나는 또 내 멋대로 '내 수업이 마음에 안 드나? 집중하지 못 하는 걸까? 왜 딴짓하나?'라고 생각해 마음이 상했다. 그 모습을 지켜보던 몇 주 후 그 학생에게 조금 감정적으로 "지금 스마트폰을 꼭 봐야 해요? 수업과 관련 있나요?"라고 묻자 프로젝트 관련 공지 알림이 떠 그렇게 되었다고 대답했다. 하루는 담임교사로부터 온 전화여서 꼭 받아야 한다며 통화해도 되는지 물었다. 수업시간에도 스마트폰과 연결된 상태여야 한다는 것을 충분히 이해할 수는 없었지만 그래도 학교생활과 관련된 것이니 적당한 선에서 수업을 존중해줄 것을 요청하는 것으로 상황을 마무리했다.

8~9학년이 스마트폰을 학교 과제를 비롯한 학교생활 전반에 이용하기 시작하자 그들의 삶은 근무시간이 따로 없는 프리랜서 워커홀릭의 그것과 같아졌다. 청소년뿐만 아니라 성인도 스마트폰을 손에 쥐는 순간부터 24시간 '연결 가능' 상태가 된다. 사실 수업, 강의, 업무 시간에 스마트폰에 정신을 빼앗기는 것은 성인에게 더 흔하다. 성인 대상 강의를 나가 보면 인품이 아무리 훌륭한 분들이 학습자로 참여하더라도 그중 몇 명은 반드시 스마트폰으로 대화하거나 벨 소리가 울려 강의실 밖으로 나간다. 성인 대상 강의의 경우, 스마트폰 수거 등의 통제도 가능하지 않으니 이런 상황은 전적으로 개인들의 판단에 맡겨야 한다. 의무적으로 들어야 하는 폭력예방 교육, 성인지 감수성 교육 등에만 해당하는 얘기가 아니다. 직업 훈련에서도 종종 발생한다. 강의, 교육뿐만 아니라 공연장, 극장에서도 흔하다. 어두운 극장에서 앞자리 사람이 갑자기 스마트폰을 켜면 몰입이 깨진다. 오히려 청소년은 마을 방과후교실처럼 공간 운영 규칙으로 스마트

폰 이용 규정을 만들거나 마을 대안학교처럼 교칙으로 정해
두면 수용하고 협조하는 모습을 보인다. 디지털 미디어 기기
이용 에티켓은 청소년과 청년 세대가 더 잘 안다고나 할까?
단지 그들은 지키고 싶지 않을 때 그 에티켓을 지키지 않기
로 선택하는 것뿐이다.

윤희   우리 학교 학생회에서 핸드폰 이용 관련 논의를 할 때
마다 얘기하는 것은 수업 내의 핸드폰 이용 판단 권한은 교사
에게 있다는 거예요. 그래서 수업에 사용하는 경우는 교사의
판단에 따라 사용 가부를 정할 수 있고 정해지면 따른다는 데
학생들이 다 동의하고 있거든요. 수업 도중이라도 꼭 필요하다
면 "○○ 때문에 스마트폰이 필요한데 잠시 꺼내도 될까요?"라
고 담당 교사의 확인을 받고 사용하는 거죠. 그런데 문제는 쉬
는 시간이에요. 8학년 이상은 수업이 끝나면 기다렸다는 듯 바
로 꺼내 보고 점심시간에도 그래요. 교사가 통제할 수 없는 상
황일 때 아이들이 스마트폰에 몰입하는 거라 정말 난감해요.
작년 말에는 쉬는 시간, 점심시간의 스마트폰 사용이 중요한
이슈로 떠올라 학생 회의에서 얘기가 나왔는데 '모두 압수하
자' 등의 극단적인 주장도 나왔어요. 그러면서 그때 '쉬는 시간,
점신 시간에는 쓰지 않는다. 수업 시간에는 필요할 때만 꺼내

쓴다'고 정했죠. 그렇게 정해진 것은 좋은데 아쉬운 것은 그 약속을 지키지 않았을 때 받을 벌이 있어야 하는데 없다는 거죠. 벌이 없으니까 쉬는 시간에 스마트폰을 써야 하면 그냥 쓰는거에요. 강제성이 없어요. 교사들이 벌칙의 필요성을 생각해도 규칙은 학생회의에서 정하니까 일방적으로 정하라고 할 수도 없죠. 모두가 동의해야 하니까요. 우리 학교에는 외부 음식 관련 규칙이 있어요. 외부 음식을 먹은 경우 전체 설거지 벌칙이 있거든요. 그 약속에 대해서는 매우 적극적으로 "이거 무조건 전체 설거지해야 돼."라고 말하지만 스마트폰 벌칙에 대해서는 누군가 만들자고 제안하면 모두 조용해져요. 벌칙을 왜 만들어야 하냐고 반문하죠. 저는 고학년과 그 논의를 좀 진지하게 해서 현재 6~7학년처럼 동료 압박이 가능한 문화가 되어야 한다고 생각해요.

쉬는 시간에만 스마트폰을 쓰는 건 괜찮다고 생각할 수도 있겠지만 에너지가 다르더라고요. 영향을 많이 받는 것 같아요. 애들이 쉬는 시간에 팀을 만들어 신나게 탁구치고 게임에서 이기고 수업에 들어오면 활기찬 에너지가 그대로 이어져 적극 참여하고 재미있게 시간을 보내죠. 반면, 스마트폰을 보고 게임을 하다가 수업에 들어오면 각자 세계에 있다가 단절된 상태로 수업에 들어오니 에너지 자체도 다운된 느낌이에요. 함께 섞여 수업하는 걸 보면 무척 다르더라고요. 그나마 다행은 요즘

8~9학년은 학교에 보드게임이 몇 개 있어 학교 수업이 끝나면 모여 보드게임이나 체스를 많이 한다는 거예요. 그럴 때 남녀 구분 없이 섞여 잘 어울려요.

나윤 스마트폰 이용이 인간관계 형성에 영향을 미친다고 생각해요. 사람을 꾸준히 만나고 부대끼고 좋아하고 사랑하는 관계에서 내가 뭔가를 느끼고 변화하는 것인데 스마트폰에 몰입하다 보면 그럴 기회가 사라지잖아요? 비단 우리 학교만의 문제가 아니고 지금 청소년들이 경험하는 세계가 그런 것 같아요. 많이 아쉽죠. 나와 주변 사람들, 친구, 가족 모두 소중하다면 거기서부터 시작해 이웃, 공동체, 사회로 넓혀간다고 생각하는데 애들의 생각이 현실과 너무 멀어요. 피상적이라고 할까? 그래서 좀 무기력해 보이기도 해요.

이 대안학교의 규칙은 대부분 학생회의 논의로 자율적으로 정해지지만, 각 수업에서 스마트폰을 이용할 것인지, 이용을 허락할 것인지 판단하는 것은 오직 교사의 판단에 맡겼다.

이 학교에서 수업을 처음 할 때 스마트폰 때문에 몇 번 당황한 적이 있다. 뜻을 모르는 새로운 단어가 등장했을 때 스마트폰을 꺼내 사전을 찾으라고 하자 스마트폰을 가진 사람이 아무도 없어 진행이 어려웠던 반과 이와는 다르게 스마트폰을 책상 위에 꺼내놓고 수시로 확인하는 고학년 학생이 있었던 전혀 다른 반이 있었다. 학교 교사인 윤희와 나윤의 인터뷰를 통해 왜 이렇게 상반된 장면이 목격되는지 알 수 있었다. 스마트폰을 수시로 보던 학생에게 "네가 스마트폰을 자주 확인하니까 신경 쓰인다"라고 말했고 학생은 알겠다고 대답한 후 스마트폰을 책상 위에 꺼내놓지 않았다.

쉬는 시간을 어떻게 보내느냐에 따라 학생들의 분위기가 다르다는 말에 나도 전적으로 공감했다. 내 수업을 듣는 6~7학년은 특이하게도 쉬는 시간마다 탁구를 쳤다. 10~15분 길지 않은 시간이었지만 소리를 질러대며 격렬하게 움직였다. 탁구를 하지 않는 학생들은 카드게임을 했다. 학교에는 함께 쓸 수 있는 보드게임 몇 종이 있었는데 쉬는 시간이 되면 학생들이 복도를 점거하고 둘러앉아 카드게임에 열중했다. 군데군데 스마트폰을 붙잡고 늘어진 몇몇 학생은 마음은 스마트폰과 연결되었을망정 몸은 친구들과 카드게임을 하는 복도에 있었다.

나는 그 장면이 너무 좋았다. 쉬는 시간에 뿔뿔이 흩어져 사라져버리는 것이 아니라 교실 바로 앞에 대여섯 명씩 모여 즐거움을 나누는 모습 말이다. 내가 초등학교 다닐 때는 쉬는 시간만 되면 교실 뒤편에 모여 앉아 공기놀이를 하거나 공기가 없으면 편을 나눠 말뚝박기를 했다. 그렇게 교실과 학교는 배움의 공간인 동시에 몸으로 부딪혀가며 노는 공간이었다. 그렇게 노는 과정에서 누군가는 마음이 상해 삐지고 삐진 동료의 마음을 달래기 위해 다른 동료들은 그를 돌보거나 싸우거나 화해했다. 이 모든 것은 단순히 즐거움만 추구하는 과정일 뿐만 아니라 삶을 배우는 과정이었다.

미디어 세계를
유영하기

어쩌면 상당수 소년들은

자신을 지키고 건강하게 성장하기 위해

애쓰고 있는 것 아닐까?

유튜브? 트위치? 아프리카TV?

경훈 유튜브에서 거의 게임 방송만 보죠. 가장 좋아하는 채널이 <두치와 뿌꾸>예요. 피파하는 유튜버예요.

준석 저는 두치와 뿌꾸, <감스트> 채널 봐요.

경훈 보는 게 대부분 비슷할 거예요.

준석 아프리카TV에서 라이브 방송도 해요.

경훈 그런데 대부분 완전 새벽에 하는데요. 보려면 스케줄 미리 알아서 챙겨봐야 해서 그건 못 봐요.

준석 그래서 BJ가 중요한 내용을 편집해 유튜브에 올려놓은 것을 보죠. 아프리카에서 라이브를 하고 그중 재미있다고 생각되는 부분을 편집해 유튜브 자기 채널에 올리는 거예요.

아프리카TV나 트위치는 생방송이라 시간이 별로 없어서 못 봐요. 생방송은 5~6시간 동안 하고, 많이 하는 사람들은 2~3시간은 거의 기본적으로 하니까요.

경훈 며칠 동안 방송을 끄지 않고 한 사람도 있어요.

정우 저는 트위치에서는 '우왁굳'이라는 사람밖에 안 봐요. 게임, 노가리 (잡담하는) 콘텐츠하는 사람이에요. 생방송은 시간이 정해져 있으니 공부하다가 잠시 쉴 때 방송하는 사람이 그 사람이라서 시간이 맞아요. 재미도 있고요.

동윤 저는 아프리카TV는 안 보는데 트위치는 봐요.

정희 저도 트위치는 봐요.

동윤 방송하는 거 구경도 하고요. 아프리카TV는 어플 깔기가 귀찮아 안 봐요.

정희 그리고 아프리카TV에서 방송하는 사람이 누군지 몰라 잘 안 봐요.

동윤 아프리카TV에서 방송하는 사람들이 제 관심 분야에 없어요. 트위치에서는 주로 게임을 보죠. 별의별 게임? 다양하게 봐요. 여러 게임하는 사람들을 봐요. 생방송은 웬만하면 다 게임하는 사람들 보는 것 같아요. 트위치에 좋아하는 스트리머가 있어요. 누구였지? 안 본 지 오래되어서. 늦은 시간에

해서 잘 못 보거든요. 할 것 없을 때 잠시 보는 거라서요. 유튜브 보다가 갑자기 떠오르면 보러 가기도 해요.

정희 '싸커러리'라는 사람을 좋아해요. 축구 게임하는 사람이에요. 영상도 만들고요. 트위치와 유튜브 둘 다 해서 그냥 유튜브에서 봐요. 그리고 '케인'이라는 사람은 트위치로는 잘 안 보고 유튜브로는 무척 많이 봐요.

세대를 막론하고 유튜브는 콘텐츠를 생산하고, 지식과 정보, 뉴스를 전달하는 거대한 방송국이 되었다. 게임을 즐기는 청소년들은 프로야구, 프로축구 등 스포츠 경기를 관람하듯 스타크래프트가 등장하며 새로운 관람 영역으로 부상한 E-Sports 경기를 중계하고 관람한다. 이런 중계와 관람 행위는 주로 트위치에서 일어난다.

자신이 하는 게임을 중계하는 것을 주 콘텐츠로 삼는 스트리머들은 정해진 시간에 자신의 모습이 게임하는 화면과 함께 나오는 생방송을 진행한다. 가끔 게임이 아닌 콘텐츠 (시청자와의 대화, Q&A, 동료 스트리머 초대 등의 특별 콘텐츠) 를 진행하기도 한다. 스트리머들의 생방송 시간은 주로 심야 시간이라 인터뷰에 참여한 소년들은 생방송 시청은 거의 못하고 이후 편집된 영상을 유튜브에서 시청한다고 했다. 게임을 좋아하고 게임 방송 보는 것을 좋아하지만 일상에서 주로 해야 하는 역할(학생으로서 학교 가고 숙제하고 학원 가고 시험공부하는 것. 나와 함께 했던 수업과 같이 마을 방과후교실에서 진행되는 수업에 참석하는 것)을 수행한 후 그 외 시간에 게임을 하고 방송도 시청한다고 했다.

대안학교 소년들의 가정에는 TV가 없는 경우도 많았지만 유튜브를 통해 뉴스, 연예 정보, 예능 정보를 접한다고 했다. 게임 스트리머들의 유튜브 편집 방송을 보다가 트위치로 가 생방송을 보기도 하는데 다른 일반학교 소년들과 마찬가지로 주로 심야에 진행되는 생방송 특성상 시간이 맞지않아 꾸준히 시청하진 못한다.

아프리카TV와 트위치에서 배우며 살기

준석　제가 보는 여캠 라이브에서는 성희롱 같은 것은 없어요. 그럼 바로 밴(ban)해요. 블락(block) 하고요. 강퇴시키고 차단 하죠. 방송에 스태프들이 있거든요. 이상한 채팅이 들어오면 바로 끊을 수 있어요. 다시 못 들어오게.

정우　감스트는 매니저만 두 명이고 릴카는 최근 매니저를 뽑 았어요. 진자림은 혼자 하는 것으로 알고 있어요. 그런데 방송 의 성격에 따라 채팅에 들어오는 사람들 분위기도 다른 것 같 아요. 방송하는 사람들이 개방적이고 그런 것에 대한 농담을 해야 시청자들도 그런 사람들이 들어올 텐데 워낙 안 그러니까 오히려 시청자들이 채팅에서 그런 짓 하는 게 적은 것 같아요.

시청자들은 그 스트리머가 좋아서 들어오는 거잖아요. 물론 욕하러 들어온 사람도 있겠지만 '이 사람한테 욕할 거야'라면서 굳이 시간 내고 돈 쓰진 않잖아요. 그래서 애당초 그 스트리머가 건전하면 시청자들도 웬만하면 건전할 거다. 제 추측이예요. 우왁굳 시청자들이 그렇게 건전한 편이에요. 악질인 사람은 없어요.

트위치에서 이름이 알려진 스트리머의 페이지에 들어가 보면 채팅방에서 지켜야 할 다양한 약속이 나열되어 있다. 때로는 시청자에게 요청하는 부탁이지만 지키지 않으면 강제 퇴장/밴(Ban) 시키겠다는 규칙이다. 아프리카TV와 트위치에 들어가기 전에 상상했던 채팅창 분위기와 소년들이 들려준 분위기는 사뭇 달랐다. 매니저가 따로 있어 채팅창 관리를 하며 규칙을 어긴 시청자를 퇴장시키거나 경고하기도 한다. 이런 상황은 유튜브 라이브, 아프리카TV에서도 거의 같다. 유튜브나 아프리카TV에는 규칙이 별도로 공지되어 있진 않지만 알려진 방송인의 라이브 방송 중 채팅방 관리는 대부분 해당 역할 담당자가 하고 있다.

이런 규칙들은 온라인 운영 커뮤니티에서 자주 발견되는데 '친목 금지' 항목은 의아하지만 그 기원을 찾아보면 이해가 된다. '친목질'로 불리는, 온라인상에서 만나 친한 관계가 되는 행위는 최근 온라인 커뮤니티에서 금기시된다. 익명 공간이라는 특성으로 보장되었던 공정성, 평등함 등 온라인 공간을 민주적이고 안전하게 만들었던 요소들을 '친목질'이 사라지게 만들었기 때문이다. 친한 관계는 일종의 파벌을 형성해 공정한 기회(게임에서 팀원으로 선발될 기회 등)를 박탈한다는 것이다. 이를 이유로 많은 포털사이트의 대형 카페와 온라인 커뮤니티들은 '친목질 금지'를 중요한 규칙으로 내세우고 있다. 대표적인 여성 카페인 다음의 여성 시대나 쭉쭉 빵빵은 물론 익명의 커뮤니티였던 메갈리아, 워마드 등에서도 친목질은 금지되었다. 익명의 커뮤니티인 경우, '셀털'(셀프로 신상정보를 공개하는 행위. 자신이 누구인지 드러내고 이름이 갖는 위치와 힘을 이용하려는 데 대한 경계가 있다.)도 엄격하게 금지되었다. 익명으로 서로의 안전을 지키려는 의도도 있고 누군가 자신의 사회적 위치를 드러내는 순간 수평적이고 동등한 관계가 위협받고 그로 인해 조직이 와해되는 것을 막으려는 의도도 있다.

이런 규칙들을 통해 청소년들은 트위치 등의 방송 매개 커뮤니티에서 요구하는 규범과 취해야 할 태도를 익힌다. 스트리머는 채팅창을 더 안전하고 '분탕'과 '어그로' 없는, 평화가 지속되는 공간으로 만들기 위해 내세운 규칙들이지만 의도했던 것보다 더 큰 영향을 미칠 수 있다.

경훈 감스트 방송은 욕이 태반이예요. 심한 욕은 아니라 장난으로 주고받는 정도요.

준석 감스트가 자학 개그 같은 걸 많이 하거든요. 갑자기 자기 얼굴 보고 "어우, 너무 빻았네" 이러고요.

정우 모발 이식한 자기 뒤통수의 한 줄 수술 자국을 보여 주며 야구공이라고 해요. 새로운 사람과 합방하면 자신을 약간 까내리면서 분위기를 편하게 풀어주는 것 같아요.

준석 그런데 돈을 많이 벌어요.

인터넷 방송 공간은 긍정적인 면만 가진 것은 아니다. 당연하게도. '어그로 끌기'를 방송의 주 콘텐츠로 삼는 방송에서는 시청자의 욕설, 막말 등의 '어그로 끌기'도 허용된다. 대표적인 방송으로 철구형(아프리카TV, 유튜브)이 있다. 또한 여성 스트리머 진자림이나 서새봄의 규칙에 등장하는 '성희롱 금지'나 '성차별 금지'도 신체 노출과 성적 행위를 주 콘텐츠로 하는 '여캠' 채팅방에서는 적용되지 않는 경우가 많다.

스트리머들은 게임하며 채팅창에 올라오는 대화에 반응하거나 실시간으로 알림이 뜨는 후원에 감사 인사도 한다. 세계적인 프로 게이머부터 여러 게임을 리뷰하는 준프로급 취미 게이머, 게이머는 아니지만 이런저런 게임을 열심히 플레이하는 스트리머도 있다. 게임 입문자나 아마추어 게이머는 그들의 플레이를 관람하며 기술을 배우거나 채팅과 후원 메시지로 소통하는 과정에서 친밀한 관계를 경험하기도 한다. 때때로 이런 금전을 매개로 하는 '친밀함 표현 행위' 또는 존재를 과시하는 행위는 일탈적 사고로 이어진다. 2020년 상반기 트위치의 이용자 '애플시리'는 게임 오버워치 스트리머 7명에게 2~3개월 동안 총 3,000만 원을 후원했다. 애플시리는 자신을 돈 많은 성인으로 소개하며 다소 고액을 후원하면서 과한 리액션을 요구했다. 트위치, 아프리카TV에서는 도네이션이나 별풍선 금액에 따른 스트리머/BJ의 리액션(반응 행위)이 정해져 있기도 하다. 고액 후원의 경우, 후원자를 회장님으로 칭하며 요청하는 행위를 실시간으로 보여 주기도 한다. 5월 무렵 애플시리로부터 고액의 후원을 받은 스트리머들은 경찰의 연락을 받았다. 경찰에 따르면 애플시리는 만 13세 중학교 1학년인 미성년자이며 3,000만 원은 그의 아버지가 사업을 위해 대출받은 것인데 아들인 애플시리가 통장을 훔쳐 후원금으로 쓴 것이라며 돌려줄 의무는 없지만 후원금을 돌려줄 것을 요청한다는 내용이었다. 이에 몇몇 스트리머는 당장 돌려주겠다는 의사를 밝힌 한편, 다른 몇 명의 스트리머는 도네이션에 해당하는 액션을 제공했으므로 방송상 거래는 종료된 것이며 이에 환불 의무가 없다고 말하고 환불 거부 의사를 영상을 통해 밝히기도 했다. 또한 후원금에서 방송 플랫폼과 모금 플랫폼 등에 지불해야 할 수수료를 제하면 스트리머 개인이 감수해야 할 손해가 크다며 해당 중학생이 그런 사실을 제대로 알길 바란다고도 했다. 이들은 미성년인 애플시리의 행동에 스트리머들이 피해를 입었다며 이런 식의 후원금 환불이 선례가 되는 데 우려를 표하며 진심으로 사과한다면 돌려주겠지만 이런 과정에서 그 소년이 뭔가 배우는 기회가 되길 바란다는 입장을 밝혔다.

비슷한 사건은 또 있었다. 2020년 11월 〈하쿠나 라이브〉에서 11세 초등학생이 어머니의 통장에 있던 전세금 1억 3,000만 원을 카카오페이를 통해 방송 호스트들에게 '다이아'를 지급한 것이다. 아이는 어머니의 카카오페이 비밀번호를 변경하기 위해 유튜브를 검색했고 거기서 찾은 콘텐츠를 참고해 비밀번호를 바꿀 수 있었다고 한다.

인터넷 방송 공간의 여성들, 여캠

정우 옷 벗는 여캠요? 본 적 없어요. 굳이 보고 싶은 마음도 없고요.

경훈 찾아서 보진 않죠. 지나가면서 쓱 보고 말죠.

준석 주변에도 관심 있거나 그런 거 보는 아이들은 없어요.

정우 다 겜창들이예요. 게임밖에 몰라요. 지긋한 겜창들.

준석 여캠 보는 아이들이 가끔 있어요. 릴카나 진자림.

정우 릴카나 진자림 같은 사람들은 그냥 캠 켜고 방송하는 여성 방송인인 '여캠'이죠. 게임도 하고 다른 다양한 콘텐츠도 하고요. 우악굳과 비슷해요.

준석 게임 스트리머는 아니고 그냥 토크하다가 다양한 콘텐츠를 해요.

    트위치나 아프리카TV에서 방송을 진행하는 여성 방송인은 '여캠(女cam)'으로 불린다. E-SPORTS, GAME 전문 콘텐츠 포털 사이트인 '포모스'의 여캠 관련 댓글을 살펴보면 트위치 이용자와 아프리카TV 이용자가 선호하는 여캠 이미지가 다르다는 것을 알 수 있다. 소위 '벗방(벗는 방송)', 몸캠 등 노출이 있거나 여성 방송인의 춤, 노래, 애교 등이 등장하는 방송 콘텐츠는 아프리카TV에서 인기가 많은 반면, 트위치는 게임 중심 플랫폼이기 때문에 여캠 콘텐츠가 아프리카TV와 같더라도 주목받기 어렵다는 것이다. 또 여성 방송인들의 성적 콘텐츠는 별풍선이 후원 등의 금전적 수익을 목적으로 하는 것인데 트위치 이용자들은 아프리카TV 이용자와 달리 성적 콘텐츠를 많이 소비하지 않아 트위치로 옮겨갔던 (게임이 주 콘텐츠가 아닌) 여캠이 다시 아프리카TV로 돌아온다는 글도 있었다.

    인터뷰에 참여한 소년들은 대부분 좋아하는 것이 분명하고 유튜브 시청도 자신의 관심사가 아니면 별로 관심을 기울이지 않았다. 트위치나 유튜브에서도 자신이 좋아해 구독 중인 방송인의 방송이 아니면 별로 시청하지 않는다고 했다. 그래서 트위치나 아프리카TV에서 우연히 보게 될지도 모르는 '여캠'의 야방, 벗방, 몸캠 등에는 접근하지도 시청하지도 않게 된다고 했다. 가끔 보게 되는 '여캠'이 있는데 그들은 게임 콘텐츠 방송인이라는 것이다. '불편한' 내용을 주로 하는 여캠은 안 본다고 했다.

마을 청소년들이 주로 시청하는 동영상 플랫폼은 유튜브였다. 시간이 맞으면 트위치에서 시청하지만 생방송이 심야에 진행되는 경우가 많고 너무 길어 실시간으로 보기는 어렵다는 것이다. 그래서 즐겨보는 스트리머의 녹화 영상을 유튜브에서 찾아 시청한다고 했다. 관심 있게 보는 남성 스트리머의 '합방' 콘텐츠 중 여성 방송인이 나와 그들에 대해 알게 되는 경우가 많아 보였다. 합방은 인터넷 방송인들이 인터넷이나 현실에서 만나 방송을 송출하는 행위를 말한다. '합동방송'의 줄임말로 추측한다(온라인에서 발생한 신조어는 명확한 어원을 찾기 어려운 경우가 많다).

소년들은 남성 BJ 감스트와 합방한 릴카, 남성 BJ 원정상과 합방한 진자림 등 게임 콘텐츠를 하는 여성 스트리머에 대해서는 비교적 잘 알고 있었다. 게임 콘텐츠 외에는 전혀 관심이 없는 자신을 '겜창'이라며 즐거워했다. 겜창은 게임과 엠창을 합성한 비속어다. 엠창은 '이거 거짓말이면 우리 엄마 창녀다'의 준말로 '에미 창녀'에서 나온 말이며 최근 특정 분야에 빠져 그것에만 몰두하는 사람을 말하는 단어로 합성해 쓰인다. 게임은 겜창, 헬스는 헬창 등이 있다.

이런 비속어를 책에 싣는 것을 고민했다. 그렇지만 최근 온라인에서 탄생한 신조어, 비속어들이 TV나 방송사에서 운영하는 공식 유튜브 채널에도 자막으로 등장하는 것을 보고 제대로 알지 않으면 '현타'와 같이 너도나도 원래의 의미와 탄생 맥락을 모른 채 사용하게 되겠다는 걱정스러운 마음에 내가 열심히 공부한 온라인발 신조어와 비속어를 공유하는 것이다.

대중매체에서 쓰는 말이라고 믿고 쓸 수 없는 시대가 되었다. 소년들이 쓰는 단어에도 관심을 갖자. 쓰지 말라고 하기보다 어원을 함께 찾고, 뜻을 제대로 알고 난 후에도 쓸 것인지 스스로 선택하게 하자.

본격적으로 소년문화 연구를 진행하며 소년들이 갈 만한 온라인 공간을 돌아다녔다. 그중 하나가 아프리카TV였다. 여러 방송이 빼곡히 보이는데 노출이 심한 여성들의 방송이 눈에 띄었다. '아, 소년들이 이런 방송을 보겠구나!'라는 추측을 하고, 바로 심증을 굳히고 소년들에게 아프리카TV에서 발견한 그 여성들의 방송에 대해 질문한 것이다. 돌아온 대답은 실망스러웠고 나의 전제가 틀렸다는 것을 확인시켜 줬다. 소년들이라면 죄책감을 느끼며 몰래 볼 만한 영상들인데 그냥 넘긴다고? 믿을 수 없었다. 그렇지만 연구자이자 교육개발자인 나는 그들의 말을 그대로 믿어야 했다. 그러면서 내가 가진 생각의 틀을 확인했다. '소년들은 이럴 것이다'라는 생각의 틀이 그들의 문화를 볼 때 색안경을 쓰고 보게 만드는 것은 아닐까?

너무 바빠 트위치나 아프리카TV에서 오래 머물 시간도 없는 소년들과 달리 야심한 시간에도 아프리카TV에 머물며 옷을 벗는 여캠에게 풍선을 쏴대는 어떤 남성들이 전체 소년들이라고 오해하는 것은 아닐까? 그런 깨달음이 문득 나를 멈추게 했다. 그리고 소년들에게 감탄하고 나 자신과 나로 상징되는 어른들의 고정관념에 실망했다. 어쩌면 상당수 소년들은 자신을 소중히 여기면서 폭력문화로부터 자신을 지키고 건전하고 건강하게 성장하기 위해 애쓰고 있는 것 아닐까?

준석 릴카나 진자림 화장요? 학교 가는 것처럼 기본적인 메이크업만 하고 나오죠.

정우 네. 예를 들어 "나는 지금 어딘가에 간다"라고 할 때 하는 정도 같아요.

경훈 그리고 다 화장을 하고 나와요. 생얼은 안 해요. 생얼로 나오면 콘텐츠가 되죠.

정우 그렇죠. 생얼과 함께 두둥.

경훈 여자들은 그렇게 하죠.

정우 친구 만나고 올 때 느낌의 화장 정도? 과하지 않은 화장인 것 같아요.

준석 남자들요? 안 꾸며요.

정우 아니, 꾸밀 때도 있어요.

경훈 그러니까.

정우 모발 이식도 하고 그러긴 하지.

경훈 엄청 잘생긴 유튜버가 아니면 그냥 못생긴 걸 컨셉으로 잡아 재미로 만들어서 해요. 콘텐츠로요.

정우 진짜 개그로 가느냐 얼굴로 가느냐 실력으로 가느냐 이런 게 있죠. 프로 게이머인 페이커는 아무것도 안 하고 그냥 실력만으로 다 찍어 누르니까요.

경훈 잘생긴 남캠들은 외모에 더 신경쓰겠지만 그런 사람은 안 봐요.

준석 저도 그런 사람은 안 봐요.

정우 남캠은 얼굴 자랑하는 사람들은 웬만하면 잘 안 봐요.

경훈 재미가 없어요.

정우 네. 콘텐츠가 있어야지 그냥 나와서 몇 마디 말하고 유튜브에 올려서 별로예요.

경훈 릴카와 진자림 외모요? 평범해요.

정우　네. 진자림은 약간 초딩처럼 생겼어요.

준석　진자림은 정말 애처럼 생겼어요.

준석　이제 막 스물한 살 되었을 거예요.

경훈　릴카는 아이디랑 나이가 똑같아요.

정우　릴카는 스물아홉 살.

경훈　감스트도 스물아홉 살.

경훈　릴카나 진자림 좋아하는 사람은 엄청 좋아하는데 그냥 평범한 것보다 더 예쁘게 생겼어요.

정우　그리고 예뻐서 방송 본다기보다 말하는 거나 게임하는 거, 반응하는 게 재미있어서 보는 사람이 많죠.

경훈　얼굴 보고 들어가는 경우는 거의 없어요.

정우　그렇죠.

　소년들이 언급한 인터넷의 여성 방송인들은 '기본적인' 화장을 하고 외모를 꾸미고 등장한다. 반면, 남성은 외모가 아닌 게임 실력, 콘텐츠 내용과 수준으로 평가된다고 했다. 아니면 아예 '못생긴 외모'를 콘셉트로 내세운다는 것이다.

　흥미로운 것은 방송에 등장하는 여성들의 메이크업 수준이 '풀 메이크업'인데도 소년들은 그들의 상태를 '친구 만나러 갈 때 정도'로 본다는 것이다. 정우가 말한 '집 앞 편의점보다 좀 더 먼 데 가는 느낌의 화장'이라는 표현이 재미있었

다. 여캠인 릴카나 진자림이 어느 정도 화장하고 등장하느냐
는 내 질문에 대한 소년들의 답이었다. 이후 가끔 릴카의 유
튜브 콘텐츠를 시청하는데 릴카의 화장은 수준급이다. '기
본적'인 수준은 넘고 촬영하기 위해 메이크업 전문 샵에 가
는 것으로 생각하게 할 정도다. 아마도 소년들은 '기본적인
화장'을 모르는 것이리라.

여성 방송인들이 화장기 없는 맨얼굴로 나온다면 그 자체
가 방송 소재가 된다고 했다. 인터뷰를 진행하는 나를 비롯
한 마을의 화장기 없이 다니는 여성들을 묻자 방송인과 '일
반인'의 차이라고 설명했다. 그들은 여성 방송인이든 남성
방송인이든 외모를 앞세워 방송 내용을 만드는 사람들을 다
소 부정적으로 평가했다. 릴카와 진자림의 외모에 대해서는
평범하다, 예쁜 건 아니라고 말했지만 내가 보기에 그녀들의
외모는 걸 그룹 수준이었다. 물론 '예쁨'의 기준은 각자 다르
니 인정.

포르노그라피?

음란물은 음란물이 아니다. 음란이란 음탕하고 난잡하고 과하고 상스러운 것을 말한다. 그러나 상업적 포르노그라피가 등장한 이후 '지나침', '과함'은 항상 그 수위를 높여 왔고 지금은 실제로 일어난 성행위, 살인, 신체 훼손 장면을 담은 '스너프 필름'이 그 이름을 대신할 정도다.

포르노그라피는 섹슈얼리티에 관한 것이 아니다. 포르노그라피는 성기와 성적 과정을 매개로 하는 여성 폭력물이다. 동의하기 어렵다고? 하드코어 포르노그라피를 보면 바로 동의할 것이다. 많은 여성이 포르노그라피를 불편해하거나 역겨워하는 데는 그런 이유가 있다.

상업적으로 제작되었든 예술을 표방하며 제작되었든 '남

성 성욕'으로 불리는 폭력적 지배욕과 정복욕의 충족을 위해 제작되는 포르노그라피는 여성의 신체를 물화시켜 화면에 등장시키고 남성 성기가 관통하는 구멍들로만 보여준다. 영상은 처음부터 끝까지 그 존재를 인간으로 대하지 않는다. 내가 포르노그라피에 편견을 갖고 있다고? 그렇다. 나는 포르노그라피가 불편하다. 그리고 불필요하다고 생각한다. 결정적으로 포르노는 강간 문화를 전파한다.

상당수 양육자와 교사, 성인들은 남성인 어린이와 청소년에게 관대한 어른인 것을 과시하듯 "너도 이제 남자가 되었구나"라거나 "남자애들이 커간다는 증거죠", "적당히 보는 건 괜찮아요"라며 포르노그라피에 대해 허용적인 태도를 보인다. 그러나 포르노그라피는 매 순간 여성 신체를 폭력적으로 다루고 있고, 누구든 감수성이 건전하지 않은 상태에서 포르노그라피에 의존하게 될수록 그런 폭력적 전제에 익숙해진다.

포르노그라피에 익숙해진 남성은 성적 친밀감을 나눌 때 포르노그라피의 잔상에 휘둘릴 수밖에 없다. 포르노그라피에 익숙해진 여성도 포르노그라피적 잔상에 휘둘린다. 여성의 경우 자신의 성적 욕망, 즐거움은 모른 채 남성 욕구 충족의 도구로 자신을 움직이는 데 익숙해진다. 많은 남성 청소년을 비롯한 남성들이 성관계를 가질 때 파트너에게 포르노에서 본 행위를 모방하거나 체위를 요구한다. 여성들의 이런 경험은 데이트 폭력 피해를 호소하며 들려주는 피해 내용에 빠지지 않고 등장한다. 이는 여성들이 그런 행위를 성폭력으로 느끼고 판단한다는 의미라 할 수 있다. 그러나 대부분의 남성이 강간을 '모르는 사람이 납치하거나 폭력으로 강압적으로 하는 성행위'로 인식하기 때문에 상대의 거절 의사를 바로 거절로 받아들이지 않고 끈질기게 조르거나 강요하는 포르노적 행위 자체가 성폭력, 강간이라고 생각하지 못하는 것이다. 이것은 남성 어린이와 청소년들에게 포르노를 허용하고 마치 그것이 남성의 섹스 교과서처럼 던져준 어른들의 문제의식 부재의 책임이 크다.

포르노그라피를 통해 영상에 등장하는 신체 이미지, 성행위, 여성과 남성의 교류 등을 학습하는 경우 자신의 신체와 신체에서 벌어지는 섹슈얼리티 현상들을 부정적으로 보게 된다. 성교육 수업에서 언급할 수 밖에 없는 '섹스'라는 단어와 '성기' 관련 정보에 '불쾌하다', '역겹다', '수치스럽다'라는 반응을 보인 학생이 다수였다. 신체와 성에 대한 이런 부정적 태도는 이 주제에 대해 건강하게 학습하거나 정보를 수용하는 것을 방해한다.

경훈　저는 중학교 1학년 때 애들하고 놀다가 처음 봤어요.

정우　저는 초등학교 6학년 때요. 저도 애들하고 놀다가요.

경훈　애들이랑 축구하다가요. 축구 안 하거나 축구하다가 쉬는 애들이 운동장 한 쪽 벤치에 앉아 있잖아요. 그럴 때 할 게 없으니까 스마트폰 보다가 애들끼리 장난치면서 같이 보는 거예요. 축구하다가 쉬러 온 애들이 또 그걸 보게 되고요.

정우　저는 6학년 때 어떤 애랑 유튜브를 보는데 갑자기 팝업이 뜬 거예요. 포르노 비슷한 게 나왔대요. 애들 중에 장난으로라도 그런 것에 약간 관심을 보이는 척하는 애들 있잖아요. 그런 애들은 "오, 뭐야!"라고 하고 관심 없는 애들은 가만히 있기도 하고요. 그렇게 잠깐 그런 게 다예요.

준석　저도 초등학교 6학년 때였던 것 같아요. 수학여행 가는 길이었을 거예요. 아마도. 기억은 잘 안 나는데 그때 버스 맨 뒷자리에 앉았거든요. 다섯 명 앉는 자리요. 거기에 애들 다섯 명이 앉았는데 그중 한 명이 그런 동영상을 켠 것이 기억나요. 보여 준 것은 아닌데 대놓고 봤다고 할까? 숨기지 않고요.

　마을 소년들의 음란물 경험은 이전에 내가 만났던 마을 밖 소년들의 '야동' 경험보다 조금 늦은 편이었다. 주로 일반 학교 수업, 특강 등에서 만난 소년들은 이르면 초등학교 2학년부터 5학년 때쯤 처음 음란물을 봤다고 했다. 보게 된 경위를 묻자 친구가 메신저로 보내준 링크를 클릭했다가 보거나 양육자의 계정으로 유튜브를 시청하다가 알고리즘에 의해 화면이 뜨거나, 양육자가 컴퓨터에 포르노그라피 파일을 보관하는 경우, 가족 공용 컴퓨터 인터넷 히스토리에 남아서였다는 것이다. 한 중학생 소녀는 같은 반 친구가 포르노 링크를 여러 번 보내며 볼 것을 강요해 싫었다는 말도 했다.

반면, 마을 소년들의 이야기는 전혀 달랐다. 대안학교 학생들은 포르노를 본 적이 전혀 없었다. 마을 일반학교 소년들은 초등학교 저학년 때 포르노를 본 적은 없었고 6학년 때 학교 동료 친구 중 누군가의 스마트폰으로 우연히 보게 되었다고 했다.

정희 정말 야동을 초등학교 2학년 때 본 애들이 있다고요?

동윤 제 주변에는 봤다는 애들 없어요.

정희 그런데 정말 초등학교 2학년 때부터 애들이 막 보라면서 다녀요?

정희 서로 보여 주고 그런 거요? 그런 것도 없어요. 걔들이 신기하네요.

동윤　기사 같은 데서 초등학생들도 야동 본다는 내용을 본 적이 있어 그냥 그런 거구나 생각했죠.

동윤　스마트폰 소유 여부가 우리랑 걔들이 다른 이유인 것 같다고요? 그냥 사람 차이 아닐까요? 우리도 집에 있으면 게임 하면서 접할 기회가 있잖아요. 게임도 하고 유튜브를 보는데도 야동을 보거나 남들에게 보여 주는 건 개인의 성향이나 관심 사의 차이 같아요.

　동윤의 말이 맞다. 그렇지만, 아니기도 하다. 동윤의 말대로 내가 어떤 사람이고 관심사가 무엇인지에 따라 같은 스마트 기기로 다른 콘텐츠를 소비할 테니. 그런데 마을에서 성장한 소년들은 공통적으로 누군가에게 포르노그라피를 전파하거나 애써 찾아보고 주변 동료들이 우연히라도 보도록 동영상을 플레이하고, 시청한 경험을 주변에 떠벌리며 공유하지는 않는다는 것이다. 스미트 기기를 가졌더라도 우연히 알게 된 불법 촬영물 공유 사이트를 방문하는 것이 아니고 성인물을 볼 수 있는 유튜브 채널을 시청하는 것도 아니기 때문이다. 적어도 그들에게는 '야동'이나 포르노그라피, 여성 대상 폭력물이 '인싸템' 중 하나는 아니었다. 그것은 소년들을 키워낸 마을이 가진 감수성의 영향일 수 있다.

정희 야동이나 포르노를 본 적은 없지만, 가끔 구글에서 검색하다가 이상한 광고를 본 적은 있어요. 클릭해 들어가 본 적은 없고요.

동윤 유튜브에 댓글로 다는 사람도 있어요. 그런 야동 같은 것을 볼 수 있는 링크요.

정희 그런 걸로 어그로 끌려고 하고.

동윤 링크를 막 달아놓고. 다른 영상인 줄 알고 들어가면 이상한 게 뜨고요. 그런 사람들이 있어요. 그런 걸 보면 짜증 나요.

정희 저는 신고해요.

동윤 그런 걸로 어그로 끌고 관심받으려는 거죠.

정희 내가 관심 있는 영상 같아서 클릭했는데 아니면 속았다는 기분에 짜증 나죠.

동윤 관련 영상인 줄 알고 들어갔더니 아무 관련도 없는 게 많아요. 야동 같은 것도 많고요. 내가 구독하는 채널 맥락에 맞는 정보가 있어야 하는데 그런 게 아니면 짜증 나죠.

마을 소년들은 포르노를 제대로 본 적은 없지만 구글 검색을 하면서 이상한 광고를 본 적은 있다고 했다. 또 시청하는 유튜브 채널의 댓글에 포르노 사이트 정보를 올리거나 관련 정보인 것처럼 클릭을 유도하는데 막상 가보면 관련 없는 내용이거나 음란물인 경우도 있다는 것이다. 그럴 때는 짜증이 나고 경우에 따라 신고도 한다. 마을 소년들은 그런 '어그로'에 짜증이나 무반응으로 대처한다. 아마도 동윤이 말한 관심사가 다른 사람이라면 링크를 타고 들어가 포르노그라피를 시청할지도 모르겠다. 더 나아가 성착취 동영상을 거래한다는 다크 웹까지 닿을지도 모르겠다. 내 관심은 링크를 타고 가기를 선택하는 사람과 그렇지 않은 사람의 개인적 성향 차이를 알아내는 것이 아니라 그들이 경험하는 세계의 차이를 알고 싶은 것이다. 그래야만 어떻게 해야 소년들을 건강한 시민으로 성장시킬 수 있을지 힌트를 얻을 수 있기 때문이다.

준석 야동을 열심히 보는 애들이 있냐고요? 열심히 보는 애들은 없는 것 같아요.

정우 그런 걸 밝히진 않아요. 드러내놓고 하진 않아요.

경훈 그런 걸 보는 것을 컨셉으로 잡는 애들은 있어요. 일부러 드러내는 거죠. 컨셉으로 그렇게요.

정우 네. 그런 애들이 조금 있어요.

경훈 자기를 이상한 애로 컨셉 잡고 핸드폰에 야동 같은 걸

켜놓고 주머니에 넣어뒀다가 애들이 옆에 있을 때 화면을 켜요. 배경 화면처럼요. 열면 바로 나오게요. 그럼 애들이 보고 '어, 뭐야, 얘?' 이러면서 놀라는 반응을 즐기는 애가 있어요.

정우   와! 남중 클라스.

경훈   그런 애가 한 반에 적어도 한 명씩은 있어요.

정우   우리는 그런 애들은 없어요.

준석   우리 학교가 남녀공학인 이유도 있는 것 같아요. 어느 정도는.

마을의 일반학교 소년들은 모두 중학교 2학년이다. 만 13~14세. 주변 이야기를 들어보면 교실에서 섹스 이야기도 서슴지 않고 큰소리로 하고 스마트폰으로 포르노를 돌려보거나 메신저로 포르노물 링크를 빈번히 보내는 시기라는데 소년들과는 거리가 먼 얘기 같았다. 학급에 포르노를 열심히 보는 아이는 없는 것 같다고, 적어도 드러내지는 않는다고도 대답했다. 다만 경훈이 다니는 남자 중학교의 경우, 자신을 동료들 사이에서 특정 방향(이상한 아이 콘셉트)으로 보이게 하는 전략으로 포르노를 이용한다고 했다. 학급 동료들이 자신에게 주목하도록 일부러 스마트폰을 신음이 나게 한 채 주머니에 넣어 다닌다는 것이다. 한 학급에 적어도 한 명씩은 있다니 그보다 많기도 하다는 것인가?

그들에게 필요한 것은 결국 관심 같았다. 주변 사람들의 인정이 필요한데 학교라는 공간에서 성적이나 품행, 뛰어난 장기로 주목받거나 인정받을 수 없다면 평범한 소년들이 하지 않을 행동으로 관심을 끌고 인정받는다? 그런 경우를 보지 못한 것은 아니다. 마을 밖에서 만난 학생 중에 내 수업에서 이유 없는 반항을 하거나 마음을 열지 않고 삐딱한 태도로 어긋나게 구는 학생들이 있었다. 그들은 대부분 관심받고 인정받기를 원했다. 그렇지만 그랬다가 상처를 받을까 봐 두려웠고 다 망칠까 봐 불안해 자신을 아예 구제 불능의 캐릭터로 설정하고 학급에서 '튀는' 존재가 되기로 선택하는 것이다. 멀리서 그때를 회상하는 지금에서야 내 마음을 아프게 했던 그들의 상처, 두려움, 불안감이 보인다.

경훈　쉬는 시간이나 자습시간 때 "아, 섹스하고 싶다. 섹스, 섹스, 섹스!"라고 소리치는 아이들이 있어요. 우리 반은 엄청 심해요. 선생님 앞에서도 그러고요.

다른 대안학교 수업에서 만났던 학생들이 들려준 그들의 일반학교 경험담을 전해줬다. 남녀공학 중학교였는데 맥락 없이 '섹스' 관련 단어를 큰소리로 외치며 돌출행동을 보이는 남학생들이 한 학급에 적어도 한 명씩은 있다는 것이었다. 그 얘기에 남자 중학교에 다니는 경훈이만 자기 학교에서 그런 일이 자주 일어난다고 대답했다. 심지어 선생님이 계신 곳에서도 그런 행동을 한다는 것이다. 인터뷰를 통해 파악한 마을 인근 남녀공학 학교와 남자 중학교는 '섹스' 언급하기와 포르노 공유하기 관련 상황이 조금 달랐다.

엄마 몰카? 지인 능욕?

준석 엄마 몰카요? 들어본 적 없어요.

정우 알고리즘에 안 떠요. 어떤 콘텐츠인지 감도 안 와요.

준석 엄마 상대로 몰래카메라 하는 거예요?

정우 아, 엄마를 몰래 찍는 거예요?

경훈 그 몰래카메라인 줄 알았네.

정우 나도 이경규의 그 몰래카메라인 줄 알았어.

준석 초등학생 유튜버들이 그걸 한다고요? 헉!

정우 구독자를 늘리려고 하겠죠. '좋아요'와 구독자 수를 늘리려고요.

준석 관심받으려고요. 그런데 주변에 그런 애가 있으면 손절

(관계 중단)이죠, 손절.

정우 당연히 손절이죠. 다시 안 볼 것 같아요.

준석 뭐라고 하진 않을 것 같아요. 그냥 걔 인생이니까.

'엄마 몰카' 기사가 언론에 처음 등장한 것은 2017년 12월 무렵이다. 그때 언론에 언급된 내용은 '세수한 엄마의 민낯'이나 '설거지하는 엄마 엉덩이 찌르기' 등의 깜짝 카메라류 몰카 내용이었다. 그랬던 것이 2018년 들어 내용이 달라졌다. 불법 촬영물류의 몰카를 올린다는 것이었다. 이 내용을 MBC 뉴스에서 다루면서 많은 사람이 알게 되었는데 이후 양육자 대상 성교육이나 성폭력 예방교육에 그 내용이 들어갔다. '요즘 어린이'와 '요즘 청소년'의 인터넷 문화를 문제적 시각에서 보게 하는 중요한 지표 중 하나였는데 그 소식을 들은 엄마들은 모두 경악을 금치 못했다. 학교, 교육기관 등에서도 심각한 문제로 판단해 초·중등과정학생들의 미디어 교육 방법에 초점을 맞췄다.

그래서 마을 청소년들도 이 심각한 '엄마 몰카'를 아는지 궁금해 질문했다. '엄마 몰카'를 아는 청소년은 한 명도 없었다. '엄마 몰카' 내용을 설명하자 모두 깜짝 놀라며(경악하며) 그 몰카가 그 몰카(깜짝 카메라) 아니었냐고 되물었다. 초등학생 유튜버들이 그런 콘텐츠를 만들어 게시하는 것은 관심과 '좋아요', 구독 때문일 거라고 말했다. 그리고 주변에 그런 콘텐츠를 만드는 동료나 친구가 있다면 어떡할 거냐는 질문에 '손절'하겠다고 답했다.

혹시 언론과 어른들만 아는 걸까? 언론이 만든 '요즘 어린이' 프레임인가?

정희 '지인 능욕'? 그게 뭐예요?

동윤 능지처참은 아는데 지인 능욕은 뭐예요? '아헤가오'요? 그건 뭐예요? 다 몰라요.

정희 애들이 그런 말을 많이 써요?

동윤 마음에 안 드는 애들한테 모욕감 주려고 하는 거라고요? 마음에 안 들면 그냥 무시하면 되지 왜 그런 짓을 하죠?

정희 아니, 그런데 정말 마음에 안 들어서 그런 거예요? 너무 심한 거 아니예요?

정우 <그것이 알고 싶다>에서 '지인 능욕'을 들어본 적이 있어요.

준석 저는 들어본 적 없어요.

정우 그것이 알고 싶다에서 텔레그램으로 지인 능욕을 검색

해서 의뢰하는 남성 청소년들을 낚아서 디지털 교도소에 가둔
다는 내용을 봤어요.

마을 소년들에게 '지인 능욕'과 '아헤가오'를 물어보면서
나는 그들을 청소년 출입금지 구역으로 이끄는 것 같은 죄
책감을 느꼈다.

내가 '지인 능욕'을 처음 들은 것은 '텔레그램 N번방' 사건
이 드러나기 몇 개월 전인 2019년 4월 9일 '한국 사이버 성
폭력 대응센터'가 페이스북에 공유한 내용에서였는데,
300여 명의 남성 청소년, 청년들이 '지인 능욕'을 목적으로
개설된 텔레그램 단체 채팅방에 참여 중이라는 얘기였다.

'지인 능욕'은 마음에 안 들거나 그냥 싫은 지인을 마음껏
능욕해 달라고 부탁하는 것이다. '능욕' 과정은 대개 이렇다.
여성의 메신저 프로필 사진, 인스타그램 등 소셜미디어에 올
린 셀카 등을 다운로드 한 후, 채팅방에 공유해 능욕해달라
고 부탁한다. 다른 참가자들은 자신이 아는 각종 모욕 방법
을 공유하거나, 해당 여성의 사진에 체액을 뿌린 후 그 인증
샷을 올리거나, 여성의 사진이나 영상을 성적 사진으로 편집
해 게시한다. 그중에는 5천~1만 원에 해당하는 문화상품권
이나 기프티콘 등을 대가로 받고 나체 사진이나 '야한' 사진
등에 여성 얼굴을 합성해 제공하는 '작업자'도 있었다.

그런 행위를 '지인 능욕'이라 하는데 그 대상은 동료 학생, 동네 여성, 불편한 관계의 여성 동료, 원망하는 마음이 있는 전 여자친구, 자신에게 부당한 행위를 하는 교사나 보호자, 기타 미운 대상, 싫은 대상, 특별한 관계는 아니지만 자신의 심기를 불쾌하게 만드는 여성 등 다양했다.

'아헤가오'의 정의는 페미위키에 따르면 일본어로 'アヘ顔', 일본 포르노그라피, 만화, 애니메이션, 게임에서 사용되는 얼굴 표현으로 강간을 당하면서 오르가슴을 느끼는 표정이고 '지인 능욕'에서 '아헤가오'는 여성의 얼굴 중 눈과 입을 변형시켜 특정 표정을 만들어내는 것을 말한다. 강간을 당하면서 오르가슴을 느낀다니, 교통사고를 당해 산산이 부서지면서 피해자가 환희를 느낀다고 상상하는 것과 다르지 않은 끔찍한 망상 아닌가.

이렇게 단체 채팅방에서 공유된 능욕 이미지는 소셜미디어 등 온라인 공간에 공유되거나 피해자가 소속된 학교, 직장 등의 단톡방 등에 옮겨져 피해를 야기했다. 그런 텔레그램 방에 중학생, 고등학생들이 있었다는 것이다. 그것도 수백 명이나.

텔레그램 N번방을 비롯해 '지인 능욕' 방에 있던 소년과 이 마을 소년들은 왜 다를까, 어떻게 그런 차이가 생겼을까? 「소년들을 만나나」 연구를 도와준 동료는 인터뷰를 진행하는 과정에서 몇 번이나 '이 마을 소년 같은 소년들은 찾기 힘들다'며 놀라워했다.

'지인 능욕' 방에 있던 남성 청소년들은 자신의 감정을 직면해 해결하거나 스스로 처리하는 방법을 택하기보다, 내 감정에 책임이 있다고 여겨지는 여성을 익명의 온라인 공간에서 간접적 공격인 모욕하는 방식으로 자신의 감정을 처리하는(것이라고 착각하는) 것이다. 그곳에 모인 남성 청소년과 청년들은 아는 여성들을 모욕하고 자신이 복수하려는 (모욕당하는 당사자는 전혀 모를 수도 있는) 원한 관계의 여성을 채팅방이라는 일시적인 남성연대 공간에서 함께 공격해 소속감을 느끼고 잔인한 즐거움을 경험하는 것이다.

위에 언급한 유상으로 재능을 제공하는 '합성 전문 작업자'들은 다른 채팅방 참여자들의 인정과 찬사에 으쓱하며 성취감과 사회적 존재감을 느낀다. 그들이 처한 현실이 얼마나 척박하면 그런 공간에서 그렇게 비인간적이고 알팍한 동지애로 자신의 존재감을 확인해야 하는 걸까? '지인 합성' 또는 '지인 능욕' 범죄가 10대 남성 청소년 사이에서 널리 퍼져 있다는 추측은 텔레그램에 개설되었다는 '교사 방', '교사 채널'이라는 이름만으로도 가능하다. 이런 폭력 문화가 일부 청소년과 청년들에게 일상이 된 상황에서 마을 소년들은 이 문제를 알고 있는지, 어떻게 생각하는지 묻고 싶었다. 그들은 전혀 들어본 적이 없다거나 양육자의 추천으로 '그것이 알고 싶다'를 보라고 해 듣게 되었다고 대답했다. '지인 능욕', '아헤가오'라는 단어를 알려주는 것이 악영향을 미칠까 봐 걱정되었다.

경훈　이 동네가 다 청정구역(폭력문화로부터 소년들이 비교적 안전한)인 건 아니에요. 우리 학교는 좀 달라요. 우리 학교 친한 애들끼리 '팸방'이 있거든요. 그 안에 짜증나는 애가 있으면 걔 사진을 합성해서 단톡방에 보내면 애들이 다 웃어요. 그냥. 그러면 걔도 반대로 자기 걸 보낸 애를 똑같이 해서 싸워요. 그걸 보고 애들은 엄청 웃어요. 계속. 우리 학교 애들이 다 그런 건 아니고 몇몇 싸우는 애들이 있어요. 4~5명 정도 있는데 자기들끼리 그냥 돌아가며 싸워요. 합성이라기보다 그냥 자기들끼리 엽사(엽기적으로 찍힌 사진) 보내고 그래요. 수업 시간에 졸거나 자는 모습을 찍은 사진요.

같은 마을에 살지만 남학교에 다니는 경훈이가 자신의 학급 동료 중에 '지인 능욕'과 비슷한 행동을 하는 아이들이 있다고 말했다. 학생들끼리 함께 하는 단체 채팅방인 '팸방(패밀리 방)'에서 벌어지는 이야기였다. 학급 동료 중에 놀리고 싶은 아이가 있으면 그 동료의 엽기사진(주로 졸거나 자는 사진)을 찍어 단톡방에 공유하면서 놀린다는 것이다. 그런 사건이 벌어지면 다른 채팅방 참가자들은 그냥 웃는다고 했다.

경훈이가 이 얘기를 꺼냈을 때 나는 무척 반가운 마음이었다. 경훈이가 '지인 능욕'이라는 여성 대상 범죄와 자신이 소속된 작은 공동체에서 벌어지는 '놀림', '웃기는 짓'의 폭력성을 공통점으로 발견했기 때문이다.

평범한 소년들은 '텔레그램 N번방'이나 성착취 범죄를 말하면 자신이 경험하는 사소한(또는 사소하다고 여기길 강요당하는) 폭력과 연결짓지 못하고 그 폭력 문제들을 여성집단만 겪는, 자신과 상관없는 일로 치부하기 일쑤다. 그러면서 자신들이 저지르는 사소한 폭력과 '지인 능욕' 등의 성폭력 범죄를 전혀 다른 것으로 선을 그으며 (성)폭력 문제의 근원인 남성문화에 대한 성찰, 반성, 고발을 못 하게 되는 것이다. 그러나 경훈이는 자신이 일상적으로 경험하는 남성문화의 폭력성을 발견했고 그것이 당연하지 않다고 생각했다. 그런 일상의 폭력이 '텔레그램 N번방', 성착취 범죄와 '지인 능욕' 등의 성범죄와 관련 있다는 것을 발견했다. 여섯 번의 수업을 나와 함께 했다고 소년들이 그런 감수성을 가질 수는 없다. 이 마을의 어린이집과 양육자 공동체, 방과후교실 등에서 경험하고 성장하면서 얻은 예민함일 것이다.

마을?
공동체?

소년들이 소속된 마을이,
온 공동체가 노력하는 모습으로
전달할 수 있는 메시지는 강력하다.

마을에서 아이를 키운다는 것, '독박육아 No!, 공동육아 Yes!'

 선영 아이를 출산하고 남편과 엄청 싸웠어요. 내가 지향하는 것, 중시하는 가치들을 맞추기 위해 2년 동안 투쟁했어요. 그러면서 서로 포기할 건 포기하고 꼭 지켜가야 할 건 지키면서 맞춰가게 되었어요.

마을 활동과 관련해 남편이 마을 안에서 성장해가는 과정이 있었어요. 그 계기가 공동육아 협동조합이었어요. 아이를 어린이집에 보내야 할 무렵 마을 공동육아 협동조합을 알게 되었어요. 왠지 남편과 내게도 공동육아 경험이 필요할 것 같더라고요. 남성인 남편이 엄마, 여자의 일로만 여겨지던 아이 돌보기와 키우기를 배울 기회를 갖는 거잖아요? 공동육아가 아닌 보통 어린이집에 아이를 보냈으면 자녀 양육이 온전히 제 몫이 되었을 텐데 공동육아에서는 남편의 역할도 있으니까요. 그렇게 공동육아를 4년가량 했을 무렵 저는 주로 마을활동을 하고 어린이집 관련 일은 남편이 다 한 것 같아요. 그러면서 4년 동안 남편이 많이 성장했어요. 공동육아로 협동조합 활동을 처음 해 보는 남편은 궁금해하는 점이 많았어요. 저는 그런 활동을 이미 경험했으니 설명해 주고 토론하면서 새벽까지 격렬하게 소통했어요. 지난한 과정이었죠. 아이를 중심에 놓고 부모 조합원들이 함께 양육하기 위해 모였지만 거기서 생긴 다양한 인간관계, 가치관 등이 모두 점검되는 시간이었어요. 그렇게 열심히 4년을 보냈더니 남편이 좀 성장한 것 같더라고요.

마을 안 협동조합 방과후교실 활동가이자 양육자이기도 한 선영을 만나 그들 가정의 '마을살이'에 대해 질문했다. 마을공동체에서 살기를 원해 이 지역으로 이주했는지 묻자 선영은 그럴 의도는 아니었다고 대답했다. 과거 마을과 가까운 동네에서 유소년기와 청소년기를 보냈고 이주하기 전에도 가까운 동네에서 살아 마을이 있는 지역이 정서적으로 친근했다고 말했다. 타 지역보다 비교적 낮은 임대료가 이주를 결심한 결정적 요인이었다고 한다.

선영과 재원 부부가 애당초 마을살이에 깊은 관심이 있거나 그런 지향점이 맞았던 것은 아니었다. 아이를 키우는 과정에서 공동육아를 택했고 남편이자 공동양육자인 재원이 협동조합 활동을 하면서 많이 변화했다는 것이다. 그 과정은 선영과 재원에게 마을공동체가 요구하는 마음가짐과 태도를 갖추고 마을 밖에서의 그것과 다르게 변화하도록 만들었다.

이 부부의 경우와 같이 공동육아 협동조합에 참여하는 양육자들은 고정된 성역할(엄마는 양육 전담자 또는 책임자, 아빠는 보조자)을 넘어서는 경험을 한다. 그러면서 아이들과 아빠(남성 양육자)의 관계도 달라진다. 공동육아가 끝난 후에도 남성 양육자는 자녀들과 더 친밀한 관계를 맺게 된다. 남성 양육자들의 돌봄을 경험한 자녀들은 그렇지 않은 경우보다 남성 양육자와 소통을 더 잘한다. 고민이 생기면 아빠와 대화를 나눈다는 경우도 있었고 아빠와 게임 등을 하며 즐거운 시간을 보낸다고 했다.

선영 남편이 4년 동안 공동육아를 하고 마을에서 살다 보니 함께 술 한 잔 마시고 당구 칠 또래 동네 친구들이 생겼어요. 40대 남성들이 회사 퇴근 후 동네에서 놀 친구가 있나요? 그런데 아이를 함께 키운 동네 아빠들이 모여 당구 치고 술

마시며 어울렸어요. 그거라도 잘한다고 했죠. 아이들이 크면서 진학하면 또 그 아빠들이 모여 섞였어요. 아이가 초등학교 들어가니까 아빠들 친구 관계가 확장되더라고요. 서로 친해져 직업 관련 조언도 구하더니 올해는 갑자기 마을의 다른 협동조합 임원도 맡게 되고요. 그렇게 마을에서 자꾸 뭔가를 하려는 거예요. 그렇게 살고 있어요. 요즘 남편의 마음이 성장했다는 걸 느껴요.

재원이 경험한 마을의 공동육아 협동조합 활동은 남성 양육자에게도 아이 양육에 개입할 기회를 주었다. 그런 경험을 통해 재원은 마을 안에서의 친구, 동료 관계를 만들었다. 여성 양육자들이 자녀의 어린이집이나 초등학교에서 동료 양육자들을 만나면서 친구가 되듯이 재원을 비롯한 마을의 남성 양육자들은 동료 남성들과 만나며 아이를 키운 경험을 공유하는 친구 관계가 되었다.

보통 기혼 남성의 사적관계는 중고교, 대학 동창, 군대 동료, 직장 동료가 중심이다. 대부분 학교를 졸업하며 살던 동네를 떠나 새로운 지역에서 가정을 꾸리는데, 옛 친구들과는 일년에 몇번 각자 사는 동네의 중간지점에서 만난다. 만났을 때 대화 주제도 그렇다. 자녀 양육, 공동육아, 마을살이 등의 일상, 삶과 밀접한 얘기보다 남성들이 익숙한 주제가 주를 이룬다. 반면, 재원은 공동육아 협동조합 활동을 하며 남성 양육자들과 동네 친구가 되었다. 퇴근길에 함께 모여 술을 마시고 당구를 치며 마을에서 시간을 보낸다. 함께 키운 아이들이 궁금해 서로 묻고 정보를 나누고 그들이 살아갈 마을을 이야기한다. 얼마 전 내가 진행한, 마을에서 있었던 양육자 교육에는 적지 않은 남성 양육자가 적극 참여했다. 보통 학교에서 진행했던 양육자 교육과는 사뭇 달랐다.

비슷비슷, 끼리끼리를 넘어서기

윤희 우리 학교 학비가 비싸거든요. 그걸 감당하려면 경제력이 있거나 자녀에게 특별한 교육을 해 주려는 관심이 있는 가정이어야 하죠. 그래서인지 가정환경이 거의 안정된 편이예요. 부모가 돌봄이든 교육이든 부족함 없이 해 주려는데 경제적, 문화적으로 가능한 상황이고요. 모두 비슷비슷한 상황이다 보니 오히려 학생들이 바깥세상을 너무 모르는 것 같아 걱정되더라고요. 다른 지역 학교에는 가정 형편이 다른 학생들이 다양하게 있거나 더 어려운 경우, 밥을 굶는 아이들도 있잖아요. 그게 사회잖아요.

나윤 그런데 우리 학생들은 대부분 풍족하게 살아요. 학생

들과 여행 얘기를 해 보면 다 해외여행을 가본거에요. '이번 방
학에는 스웨덴 다녀왔어', '이탈리아에 그 피자 진짜 맛있던데'
라고 대화하는거죠.

윤희   그래서 저는 학생들에게 불우한 환경 이야기를 많이 들
려주려고 해요. 지금 너희가 보고 경험하는 삶이 전부가 아니
라고 말하죠. 결핍을 잘 모르고 결핍이 없는 것이 이 학생들에
게 결핍인 것 같아요.

대안적인 문화공동체, 생애공동체를 꿈꾸며 관심 있는 사
람들이 모여 만든 마을이지만 공동육아 모임에서 출발한
공동체인 만큼 마을 구성원의 다양성 면에서 한계가 있었고
그들이 만들어내는 문화에서도 마찬가지였다. 자녀를 양육
하는 이성애 부부 중심, 최소 3인 이상 가족 중심, 수도권 도
심과 가까운 지역의 거주비용을 감당할 수 있는 소득계층
중심, 대졸 이상 고학력이거나 진보적 사회운동에 관심 있거
나 참여했거나 그와 비슷한 문화 자본을 가진 이들이 중심
이었다. 규격화되고 획일화되고 벽돌 찍어낸 듯 비슷한 이들
이 모여 사는 아파트 밀집지역과 다를 수 있겠지만 이 마을
도 비슷비슷한 사람들이 모여 살게 되었다.
마을 안 대안학교 교사들은 그런 한계를 넘기 위한 시도
로 〈시민사회 수업〉이라는 제목의 인권 감수성, 다양성을 키

우는 시민성 향상 수업을 진행하고 성평등 감수성과 평화 감수성을 배우고 익히는 성문화 수업을 진행하기도 했다. 이 수업들은 모두 일회성 수업이 아닌 한 학기 동안 진행되는, 학생들이 모두 들어야 할 필수 수업이었다. 학생들만 이런 수업을 듣는 건 아니었다. 성인들인 양육자들과 마을 주민을 대상으로 하는 비슷한 내용의 수업, 특강 등이 자주 열렸다. 마을 구성원들은 마을의 한계를 넘기 위해 함께 조금씩 노력했다.

학교와 마을의 노력 덕분이었는지 마을 곳곳에서는 사람들뿐만 아니라 길에서 살아가는 동물과도 함께 살기 위한 노력의 흔적이 보였다. 길고양이 급식소, 청소년 성소수자 동아리 모집 공고가 보였다. 주택 협동조합은 비혼 가구, 독신 가구를 위한 주거 공간을 공동주택 구성에 포함해 설계했다. 대안학교 급식과 마을 밥집에는 채식을 실천하는 비건인을 위한 메뉴도 마련되어 있었다. 이런 크고 작은 증거들은 다양한 마을 구성원이 마을 안에서 배제되지 않고 안전하게 소속감을 느끼길 바라는 마음과 노력을 보여줬다.

성별 구분?

선영 소꿉놀이요? 아! 역할극을 하긴 해요. 정말 웃겨요. 재미있는 애들이 많아서요. 종이로 돈, 지전을 만들죠. 그렇게 해 뭔가 사장이 되고 이곳을 숙박할 수 있는 호텔로 꾸미죠. "자, 1박 2일은 ○○○원입니다"라면서요. 손님 받고 놀고요. 얼마 전에는 지우개 가루 공장을 하나 차렸어요. 지우개 가루를 내서 거기에 사인펜으로 색을 입혀 예쁜 지우개 가루를 뭉쳐 대량생산하는 공장인거에요. 사장이 작업 지시를 다 내려요. 주로 초등학교 3학년 언니들이 저학년에게 사탕 하나씩을 월급으로 주면서 놀아요. 엄마 아빠 놀이, 소꿉놀이라기보다 역할극, 상황극을 하면서 재미있게 노는 거죠.

마을 방과후교실에서 아이들이 하는 역할놀이(소꿉놀이)는 기존 '엄마 아빠' 놀이와 달랐다. 공간과 주변에 놓인 물건을 활용해 호텔을 연출하거나 지우개 가루 공장을 상상하는 등의 놀이를 창조해내고 있었다.

아이들이 역할놀이를 할 때 상업적 공간이 등장하는 것은 낯설지 않다. 최근 젊은 여성 양육자들이 전업 양육을 하면서 주로 시간을 보내는 외부 공간이 카페, 식당, 키즈카페 등 유아와 아동을 동반할 수 있는 상업 공간이라는 것을 생각하면 당연하다. 유아, 아동끼리 모여 소꿉놀이나 역할놀이를 할 때 자주 등장하는 설정이 카페라는 말을 얼마 전 주변 여성 양육자로부터 들었다. 누군가는 카페 사장이 되고 누군가는 손님이 되어 주문하고, 주문을 받고, 돈을 내고, 돈을 받고, 주문한 음료를 내주는, 성인들의 일상에서 흔히 보는 장면을 연출하는 것이다.

격세지감을 느끼며 내 어린 시절 소꿉놀이를 떠올려보았다. 나는 주로 마당과 골목의 식물을 식재료 삼아 요리를 만들곤 했다. 요리하는 사람은 주로 여성, 어머니, 할머니여서 나는 자연스럽게 여성이 되었다. 그러면서 있지도 않은 아버지나 남편을 맞곤 했다. 내가 보던 일상, 내가 보던 TV 장면을 그대로 모방하면서 그렇게 성역할 고정관념을 강화시켰던 것 같다. 몇 살 터울 사촌동생이 태어났을 때는 엄마 역할을 자처하며 어린 동생을 돌보는 역할놀이를 했다. 그런 역할을 떠올린 것은 가까운 사람들의 영향은 아니었다. 그때 내 가정환경은 대가족이나 핵가족의 스테레오타입에 딱 맞지는 않았기 때문이다. 그때 대중문화, 특히 TV 속 드라마가 보여주는 가족 형태와 성역할 등을 보면서 그것에 익숙해지고 유치원, 학교를 다니며 교육 과정 속에서 학습한 것이다.

시대가 변해 전업 양육자의 모습도 집 안에만 머물면서 가사노동만 하는 존재가 아니라 집 밖으로 나와 상업 공간에서 소비의 주체인 사회적 존재로 자신을 드러내고 인정받고 공적 관계를 맺어가는 것이다. 엄마의 이런 모습을 매력적으로 느낀 자녀들이 자신들의 역할놀이에서 그런 상황들을 재현하는 것이다. 방과후교실에서 호텔 놀이가 등장했을 때는 드라마 '호텔 델루나'가 방영된 2019년 즈음이었다. 온 가족이 TV 드라마를 시청하는 가정에서 성장한 아이라면 드라마를 보면서 강한 인상을 받지 않았을까?

정희　성별 구분 없이 잘 어울리냐고요? 아뇨.

동윤　아닌 것 같아요, 그건. 주로 남자들끼리 놀죠.

정희　여자애들이랑 딱히 논 적도 별로 없고 별로 친하지도 않아서 그런 것 같아요.

동윤　저는 친한 게 문제가 아니라 좋아하는 부분이나 관심사가 달라서 그런 것 같아요. 좋아하는 분야가 전혀 달라요. 그리고 옛날에 싸운 적도 있어서 사이가 좋은 건 아니거든요. 최근에는 그래도 좋아진 것 같은데 그래도 좋아하는 것이 다르다는 게 가장 큰 이유인 것 같아요.

정희　남자애들은 주로 게임을 좋아하죠. 아니면 스포츠? 여자애들은 주로 아이돌을 좋아하던데요.

동윤　우리는 아이돌 별로 관심 없어요. 일단 노래에 제대로 꽂혀 좋아해야 하는데 제가 듣기에는 그냥 다른 노래들을 들어도 될 것 같아요.

정희　걸그룹요? 별로 본 적이 없어요.

동윤　별로 본 적은 없는데 저는 노래 들으면 '아, 노래 잘하는구나!' 이 정도?

윤희　제가 보기에도 성별로 나뉘어 노는 것 같아요. 자세히 들여다보면 남자애들은 거의 몸을 쓰면서 탁구치거나 몸으로 장난치면서 놀고 여자애들은 모여서 계속 아이돌 이야기를 해요. 관심사가 달라서 쉬는 시간에 그렇게 자연스럽게 나뉘어 보내는 것 같아요. 방과 후 시간에도 남자애들은 게임을 많이 해서 그 게임에서 만나고 그렇게 약속 잡고 여자애들은 아이돌 이야기를 하거나 쇼핑 다니면서 그냥 자기 또래 문화를 만드는 것 같더라고요.

나윤 수업 안에서도 성별에 따라 나뉘어 앉거든요. 그런 게 이 시기의 특징 같아요. 이 시기가 지나고 10대 후반의 고등과정이 되면 괜찮아지는 것 같아요. 제 경험도 그렇고요. 이 시기는 성장기의 예민한, 서로 달라지는 것을 의식하는 시기여서 불편한 것들이 있는지 나뉘어 앉는 것 같아요. 그런데 어려움을 겪는 학생이 있을 때 제가 "누가 좀 도와줄래?"라고 요청하면 그 때는 남녀 구분없이 서로 도와주죠. 그냥 쉬는 시간 때 남녀 구분해 어울리는 현상이 두드러지는 것 같아요.

윤희 초등과정에서 지금 중등과정에 진학한 이 친구들이 엄청 많이 싸웠대요. 여자애들끼리 남자애들끼리 한 편이 되어서요. 그 시기는 신체적으로도 힘이 비슷하니까 몸싸움도 가능하잖아요? 오늘은 누가 누구를 괴롭히고 또 여자애들이 남자애를 괴롭힐 때도 있어요. 좀 왔다갔다 했던 것 같아요.

대안학교의 중등과정 6~7학년(초6, 중1) 소녀 소년들은 수업이나 과제와 같은 활동이 아니면 대체로 성별이 나뉘어 어울리는 경향을 보였다. 소년들은 운동과 게임, 소녀들은 아이돌, 이렇게 관심사가 다르니 어울릴 기회가 없다는 것이다. 인터뷰에 참여한 대안학교 소녀들은 초등과정 때 성별로 나뉘어 자주 싸웠는데 그 영향으로 지금까지 서먹하고 함께 잘 어울리지 않는 것 같다고 말하기도 했다.

윤희　교사들이 해결해야 할 과제인 게 코로나19 이전까지는 6~9학년 통합수업을 했는데 코로나 사태로 학년별로 단계별 수업이 좋겠다는 의견에 6~7, 8~9학년을 프로젝트별로 또 나눴어요. 그렇게 하다 보니 8, 9학년은 다른 학년과 계속 섞여 가며 수업해서 남녀 구분이 없는 우리 학교 문화를 수업 안에서 자연스럽게 배운 거죠. 그런데 지금 6, 7학년은 중등과정에 와서 그 문화를 잘 배우지 못한 것 같아요. 이게 교사가 알려줄 수 있는 게 아니라 아이들 속에서 어울리면서 배우는 거잖아요.

작년에 6학년이던 아이들은 자신이 중등과정 막내였을 때 고학년과 어울리면서 조금씩 배우면서 알아갔다면, 현재 6학년은 중등과정에 처음 오자마자 코로나로 중등과정의 문화를 모르는 저학년끼리만 계속 지내다 보니 고학년으로부터 배울 기회가 없죠. 7학년은 그 시기가 격변의 사춘기여서 중등과정 후배들에게 분위기를 알려줄 상황은 아닌 것 같아요. 재작년부터 학교에 성소수자 동아리가 생겼거든요. 그 친구들도 대부분 고학년 멤버로 고정되어 있고 자기들끼리 잘 뭉쳐 공부도 많이 하고 작년에는 수업도 했거든요. 한 파트 맡아 수업하면서 알려주고 그 수업을 들은 학생과 안 들은 학생의 인식도 무척 달랐어요. 그 수업을 들은 한 학생은 아이들끼리 얘기할 때도 성별 고정관념이 강한 말에 민감하게 반응하고 잘 찾아내요.

예를 들어 "그거 너무 성별 고정적인 말 아냐?" "내가 왜 무조건 남자친구를 사귄다고 생각하고 말하니?" 이런 거죠. 자신도 스스로 배워 알게 되었고 다른 아이들도 수업을 들었으면 좋겠다고 말하더군요.

고학년이 그런 내용의 수업을 만들 수 있었던 배경도 그 학년은 게임하거나 놀아도 성별 구분 없이 섞여서 잘 놀거든요. 그 친구들도 개인적으로는 성별 차이가 있을 수 있겠지만 일상적으로 나뉘어 지내지 않고 그냥 섞여서 잘 돌아다녀요. 게임도 함께 하고 밥 먹는 것도 성별 구분이 없는데 지금 6, 7학년은 성별 구분이 좀 있는 것 같아요.

우리 교과목 중 〈시민사회 수업〉에서는 특정 주제가 정해진 게 아니라 그 시대의 시민 감수성을 배우고 익히죠. 젠더 수업도 하고 페미니즘 등도 함께 녹여 그 시기에 일어난 사건과 중요 이슈로 대화를 많이 나누는 수업이에요. 이번에 여러 사정상 시민사회 수업을 안 하기로 했는데 그 수업이 없었던 것도 영향이 있는 것 같아요. 매주 1시간씩 만나 현재 사회에서 일어나는 이슈에 대해 얘기나누는 건데, 예를 들어 '텔레그램 N번

방' 등을 주제로 계속 대화를 나눌 수 있었을 거예요. 아이들에게 생각할 거리를 주고 대화를 나누고 이게 우리 학교 문화를 만드는 연결고리로 중요한 역할을 한 것 같아요. 아이들이 그 수업을 통해 배우고 생각하고 실천하는 모든 과정요. 지금 그런 것들이 빠진 것도 이유가 되지 않을까요?

이 학교의 6, 7학년이 성별을 나눠 어울리는 것은 내게 좀 의아했다. 2020년 처음 만난 이 대안학교의 고학년(10학년) 학생들이 자신들은 성별 고정관념이 강하지 않고 다른 보통의 성별 고정관념을 가진 사람들과 달라 성별 분리를 전제로 하는 수업이 꼭 필요하진 않다고 말했기 때문이다. 이런 궁금증에 대해 교사인 윤희와 나윤에게 질문하자 이전까지는 6~9학년은 통합수업을 하다가 코로나19 상황과 학교 내부적인 변화로 두 학년씩 나눠 수업을 진행하니 학년을 초월한 통합수업에서 배울 수 있었던 성별 구분을 넘는 교류와 관계 맺기를 자연스럽게 배울 기회가 사라졌다고 답했다. 또한 현재 고학년이 지닌 인권 감수성과 성별 감수성은 이전에 진행된 〈시민사회 수업〉에서 배울 수 있었는데 코로나19의 영향으로 이제는 그 수업이 진행되지 않는 영향도 있다고 추측했다.

연애는 어때?

경훈 연애는 성인이 되어야 할 것 같아요.

정우 남중 남고 가즈아~

경훈 나는 남자 고등학교 갈 거야.

정우 오! 남중 남고 군대. 누구랑 연애할 것 같냐고요? 저는 여자랑요.

준석 네, 저도요.

동윤, 정희   저희는 연애 안 해요.

동윤 관심이 없다기보다 할 수 있어야 하죠. 하하. 하지 말라는 사람은 없는데 관심도 거의 없어요.

정희　저도 별로 관심 없어요.

동윤　연애 상대가 누구일지는 잘 모르겠어요. 여자일지 남자일지.

정희　저도 잘 모르겠어요.

소년들에게 연애에 대해 물어봤다. 관심이 없다고도 하고 할 수 없다고도 대답했다. 연애 상대가 남성일지 여성일지 묻는 질문에도 "여자랑 할 것 같다", "잘 모르겠다"라고 대답했다.

연애 상대가 동성일 수도 있냐는 질문에 담담히 대답하는 것은 일반적이지 않다. 이런 질문에 대부분의 청소년은 "아, 미쳤어요?!"라며 펄쩍 뛰며 부정적인 반응을 보이거나 매우 화를 내기도 하기 때문이다. 소년들에게 동성애 혐오가 기본적으로 깔려있다는 것을 발견하기 쉽지만, 마을 소년들은 상당히 달랐다. "모르겠다", "내 연애는 그렇지 않을 것이다"라는 답변 정도였다. 질문하는 사람의 태도에 따라 다른 건지, 수년간 경험한 마을의 감수성의 영향 때문인지는 모르겠지만 성적지향과 다양성에 매우 수용적인 태도를 보였다.

소년들의 마음
슬픔이 깊어지면 분노가 되지

동윤 속상한 일이 있을 때는 그냥 혼자 알고 있을 때도 있고 그런 것 같네요.

정희 저도 다른 사람에게 말하진 않아요. 아, 그런데 그런 건 있어요. 친구들이 뭣 때문에 짜증이 난다며 말하는 경우는 있어요. 그렇지만 "나 오늘 슬프다"라며 함께 이야기 나눠달라는 경우는 드물어요.

동윤 슬픔과 짜증이 차이가 있나요? 내가 슬플 때 필요하면 바로 청할 것 같은데… 그런데 내 얘기를 들은 사람이 비밀을 지켜줄지 좀 불안해요. 소문날까 봐 걱정도 되고요. 나 말고 다른 사람이 알면 비밀이 아니라는 말도 있잖아요. 지금은 힘들거나 그런 거 있으면 아빠랑 좀 얘기하긴 해요.

정희 저는 그런 얘기 나눌 사람이 딱히 없는 것 같아요. 힘들 때 말할 수 있겠지만 별로 말할 필요도 없는 것 같아요.

동윤 남자애들끼리는 그냥 축구 얘기해요. 최근 본 경기 얘기 같은 거. (웃음)

다른 청소년들과 비교하면 정서적으로 건강해 보이지만 소년들끼리 자신의 감정을 다양하게 드러내고 교류하는 경우는 드물었다. 정희와 동윤은 마을 어린이집 시절부터 오래 알고 지냈지만 속 깊은 이야기를 진솔하게 나눈 적은 없다고 말했다. 만나면 축구 얘기?

소년들을 만나며 알게 된 것은 그들은 감정을 드러내고 표현하는 데 익숙하지 않고 때로는 고통스러워하기까지 한다는 것이다. 이것은 남성에게 강요되는 젠더 박스, 바로 '남자는 울지 않는다(Boys don't cry.)'의 영향이다. 한국 버전은 '사나이는 태어나 딱 세 번만 운다'다. 그래도 세 번은 울게 해줬으니 고마운 건가?

슬픔이나 고통이 눈물로 드러나는 것을 막기 때문에 이런 감정들은 남성에게 허락된 감정 표현인 '분노'로만 표출할 수 있다. 슬픔, 고통뿐 아니라 그 외 다양한 감정을 표현하는 것을 금기시하는데 이런 모든 감정은 제대로 해소되지 못하고 차곡차곡 쌓여 짜증, 분노가 된다.

감정을 적절히 표현하고 믿을 만한 사람과 얘기 나누고 공감받으며 해소하는 과정을 어릴 때부터 꾸준히 연습하고 익혀야 하는데, 여성과 남성을 막론하고 다른 사람에게 폐가 될까 봐 또는 자신을 이상하게 보거나 소속 집단에서 너무 '튀는' 존재가 될까 봐 자신의 감정이나 느낌을 감추고 위장하기 위해 더 많이 노력한다. 폭력이 일상이 되어 따돌림이 곧 '사회적 죽음'을 의미하는 학교에서 솔직하게 감정을 드러내는 것은 더더욱 상상할 수 없는 일일 것이다.

상대적으로 안전할 것으로 여겼던 마을과 대안학교에서 성장한 소년들조차 자신의 약점이 될까 봐 슬픔이나 고민을 함께 나누지 못한다는 사실에 조금 놀랐다. 그리고 가슴 아팠다. 10여 년을 살면서 슬프고 가슴 아픈 일이 왜 없었겠는가! 그런데 그 마음을 나눌 사람이 없다니. 지금부터라도 연습하자.

소녀 소년들도 자신의 감정을 표현하는 데 익숙하지 않아 부정적 감정은 대부분 '짜증난다'라고 표현한다. 짜증이라는 표현 뒤에는 슬픔, 고통, 분노, 상실감 등 매우 다양한 감정이 숨어 있다. 누군가 섬세하게 다뤄야 할 속마음을 '아, 짜증나!'라고 아무렇지 않게 표현하면서 어떤 것도 자신의 마음을 심각하게 손상시킬 수 없다고 허세를 부리는 것이다.

마셜 로젠버그의 『비폭력 대화』에서는 다양한 느낌을 표현하는 단어목록을 이용해 사람들이 '화'라고 표현하는 감정 이면에 응축된 것을 찾으라고 말한다. 나는 청소년 대상 수업에서도 이를 응용했다. 단어목록을 주고 거기서 짜증 뒤에 숨은 느낌을 찾으라고 했다. 단어목록이 있을 때는 잘 찾았다. 어려워 하는 소년도 있었지만 금세 느낌을 찾는 방법을 익혀 자신의 마음 상태를 자세히 살피는 소년도 있었다.

몇 년 전 다른 대안학교에서 만난 소녀들은 소년들과의 연애가 끝난 후 그들이 관계를 정리하고 전환하는 데 얼마나 어려움을 겪는지 들려줬다. 비교적 평등하고 안전한, 그럴듯한 연애를 하고 이별도 깔끔하고 건강하게 했다고 생각했는데 소년들은 연애 이후의 외로움과 슬픔을 혼자 감당하지 못했다는 것이다. 소년들에게는 그 아픈 마음을 공감해줄 친구가 없었던 것 같다. 애도의 시간을 혼자 감당할 수 없었던 소년들은 이미 헤어진 전 여자친구의 집 앞에 찾아가 기다리거나, 확인하지 않는 메시지를 수십 개씩 보내거나, 자신의 절친인 소년들에게 연락하는 대신 함께 어울렸던 옛 여자친구의 절친한 벗들에게 돌아가며 전화해 하소연하고 그중 자신의 마음을 가장 잘 받아주는 소녀에게 애틋한 감정을 품고 새로운 연애를 시작하자 제안도 한다는 것이다. 소녀들은 이런 소년들을 이해하지 못했고, 놀랐고, 지겨워했다. 왜 그렇게 모두 똑같냐는 것이었다. 소녀들은 친구 중 누군가가 이별하고 슬픔을 겪으면 그들의 이야기를 들어주고 공감하고 위로하고 보살폈다. 그냥 자연스러웠다. 소년들은 왜 그렇게 못할까?

남성 문화는 소년들의 관계를 공감하고 돌보는 관계로 만들지 않는다. 소년들은 연애를 통해 가족 이외의 사람과 처음 맺는 친밀한 관계에서 많은 것을 새로 경험하고 배운다. 어느 날 이 친밀한 관계가 끝날 때 경험하는 상실감과 슬픔을 어떻게 다뤄야 하는지 몰라 당황한다. 남자는 평생 딱 세 번만 울어야 하고 실연의 상처로 징징대는 것은 남자답지 못하기 때문이다. 이런 맨박스 안에서 해소되지 못하는 당황스러움과 슬픔은 차곡차곡 쌓여 분노가 되어 종종 연애를 끝낸 당사자 중 한 명에게 향한다.

소년들에게 느낌을 알아차리고 안전하고 평화롭게 해소하도록 가르치는 것이 중요한 이유는 남성문화가 소년들에게 슬픔을 해소하는 방법으로 폭력을 가르치기 때문이다. 누군가에게 거절당해 무안한 마음, 누군가와 헤어져 고통스러운 마음, 소중한 것을 잃어 상실감으로 가득 찬 마음, 갈등으로 긴장되고 불안한 마음을 모두 매우 폭력적인 방식으로 해소하는 것이다. '남자답게 한 대씩 치고 끝내. 시원하게'라는 폭력의 방식을 소년들에게 더는 가르치지 말자. 그 대신 지금 느낌이 어떤지, 그건 왜 그런지 다정하게 묻고 그들의 이야기를 경청하고 충분히 공감하자. 소년들이 반드시 갖춰야 할 것은 다정함이다. 그리고 소년들끼리 그 다정함을 서로 발휘하도록 격려하자. 소년들이여, 서로 돌보라!

갈등 공포증 세대

동윤 누군가를 싫어할 수도 있지만 그게 큰 영향을 미치는 것 같진 않아요. 싫어하는 사람과 싸움이 일어난다면 더 공격적으로 대응하겠죠. 싫으면 싫은 거죠, 뭐.

정희 저는 싫은 사람이 싫은 짓 하면 그냥 무시하면서 참거나 하지 말라고 말해요. 그런데 싫은 사람이 있는 경우가 별로 없어요.

동윤 싫은 행동을 싫다고 말해도 받아들이지 않는 경우가 대부분이죠.

정희 맞아요. 그것 때문에 얼마 전 우리 학생 중 몇 명이 엄청 화가 나서 그 괴롭힘 피해를 공개적으로 호소한 적이 있어요.

윤희 중등과정에서 올해 초 몇몇 학생이 학생 간의 괴롭힘을 호소한 적이 있어요. 그 사건 이후 학생들과 대화를 많이 나눴죠. 어려움에 직면했을 때 어떻게 해결하냐고 물었더니 대부분 참는다고 대답했어요. 저도 좀 놀랐어요. 그때 '아! 아이들이 이런 일들을 다 묵인하고 스스로 해결하려고 참으면서 살고 있구나!' 깨달았죠. 아이들이 어쩔 줄 몰라, 방법을 몰라 가만히 있다고 생각했어요. 그래서 교사에게 도움을 청하거나 학생회를 통해 얘기하는 방법도 있다고 안내하거든요. 그런데 지금 중등과정 고학년은 '이 학교에서라면 이건 말할 수 있어야지', '이 문제는 해결해야지'라는 태도가 있거든요. 그들은 적극적으로 의견 개진을 했는데 중등과정 저학년은 그렇지 않아 저도 좀 의아해요. 학년 차이나 요즘 세대 문제 같기도 해요. 그리고 요즘은 온라인에서 감정을 해소할 기회가 많으니 모두 거기서 해소하며 사는 것 같다는 생각도 들더군요.

윤희 학교 안에서 벌어지는 또래 간의 갈등은 대화로 해결하려고 했어요. 서로 마음을 알아주는 거? 초등과정부터 당사자끼리 앉혀놓고 서로 마음 알아주기를 많이 하거든요. 서로 마음이 어땠는지 얘기하고 듣는 거죠. 서로 마음을 이해해주고 오해를 풀고 잘못했으면 사과하는 식으로요. 그런데 모르겠어요. 요즘 아이들이 갈등을 피하려는 성향이 있다고 생각하긴 해요. 이번에 중등과정에 올라온 학생이 면접에서 정말 딱 그렇게 말하는 거였어요. 자기는 싸움이 싫다. 그래서 그냥 혼자 해결하려고 한다고요. 얘기를 들어보니 부모도 친구도 부딪히고 싸워야 오해도 풀 수 있다고 말하는데도 회피하더군요. 중등과정에서 분명히 갈등 상황이 생길 텐데 그걸 이 학생이 어떻게 해결할지 고민되더라고요.

나윤   학년 초부터 학생 간의 갈등이 심했어요. 지금은 많이 평화로워졌죠. 사이가 많이 안 좋았고 서로 헐뜯고 비난하는 말을 대놓고 할 정도였어요. 아이들의 마음 상태가 너무 안 좋아 그랬던 것 같아요. 교과 과정 프로젝트를 잘 진행하는 것도 중요했지만 아이들의 힘든 마음과 갈등 상황을 회복시키는 것이 큰 과제였던 것 같아요. 그래서 학생 개별 면담도 많이 하고 갈등을 해소할 구조도 만들었어요. 서로 안전하도록 학급을 새로 구성하는 변화도 시도했어요. 그리고 지금도 계속 신경쓰는 것은 서로 경쟁하게 하거나 서로 차이가 차별의 근거(점수, 성적, 순위 등)가 되는 활동보다 다름이 서로의 개성이라는 것을 인정하는 수업 중심으로 하려고 해요. 몸놀이, 예술적 활동, 재미와 즐거움이 중요한 내용의 수업요. 제가 아이들을 대하는 태도도 아이들이 학교에서 누군가를 믿고 안심하고 잘 지내도록 더 신경쓰고 있죠. 이제 좀 안정되고 평화로워진 것 같아요.

요즘 주의 깊게 살펴보는 것은 아이들 간의 일상적인 대화예요. 청소 당번 요일을 바꾸는 문제를 예로 들면 이미 정해진 일정에 청소하는 것이 불가능한 상황이라 다른 사람에게 부탁하거나 물어봐 조정해야 하는데 일단 물어보는 것조차 힘들어하더라고요. 이런 건 일상적인 조율이잖아요. 나의 어려운 사정을 말하고 다른 사람과 어려움을 나누질 못하는 것 같아요. 그래서 회의 때 그런 조율 연습을 시키죠. 그 연습을 꾸준히 시켜서인지 요즘 달라진 게 있어요. 누군가 자신의 어려움을 토로하면 다른 아이들이 귀 기울여 들어요. 전에는 다른 사람의 이야기를 잘 듣지 않았거든요. 중간에 말을 끊거나 '해야만 한다'라는 기준으로 판단해 조율할 수 없는 일이라고 받아치고 도움을 청한 사람에게 "그러게, 애당초 잘 정했어야지"라고 비난했는데 요즘은 좀 달라진 것 같아요. 아이들이 그렇게 어려움을 겪는 아이의 얘기를 잘 들으면서 스스로 대안을 제시해요. 아이들의 대화가 이렇게 진행되는 거죠. "이 방법은 어때?", "아, 그건 너무 싫은데, 어떡하지?", "그럼 네 생각을 말해봐. 다 정해진 게 아니라 우리는 제안하는 거야. 말해봐" 이렇게 했을 때 더 나아지는 느낌이에요. 요즘 그런 경험을 계속하고 있어요.

교사에게 어려움을 토로하고 교사가 주도해 해결하는 방식에는 익숙하지만 또래 사이에서 얘기하고 조율하는 것이 어떤 건지 몰라 두렵고 불가능할 거라고 이미 단정하죠. 교사가 제안하면 그건 부탁이나 제안이 아닌 당연히 해야 하는 거고 나는 받아들이기만 하면 되니까 간단하죠. 그런데 그런 구도를 깨야 해요. 스스로 문제를 해결할 수 있고 그런 위치에 있다는 것을 알아가야 하죠. 아이들이 그런 상황을 겪으면서 점점 성장해가는 것이 보여요.

요즘 청소년들은 여성, 남성을 불문하고 사람 간에 일어나는 갈등을 피한다. 누군가 자신을 힘들게 하거나 괴롭혀도 맞서 싸우지 않고 일방적으로 '손절'한다. 손절은 주식 용어다. 주가 하락을 예상해 손해를 감수하고 판다는 뜻이다. 최근 친구 관계, 인간 관계에서도 '절교' 대신 '손절'이 흔히 쓰인다. 감정적으로 피곤하게 만드는 관계를 끊거나 자신에게 도움이 안 되는 관계를 단절한다는 의미로 쓰인다. 나의 감정적 손해를 감수하지 않겠다는 결연함을 담았다고 할까. 그런데 결연함은 감정을 철저히 감추는 데 쓰인다. 자신의 감정을 솔직히 드러내지는 않는다는 것이다.

형제가 없었던 나는 성인이 되어서도 잘 싸우고 잘 화해

하는 법을 몰랐다. 요즘 청소년들이 일방적인 '손절'을 택하는 것과 달리 내 감정과 생각을 모두 드러내고 '단절'을 선언하는 경우가 더 많았던 것 같다. 아동 청소년기의 나는 감정을 감추기는커녕 다 드러내고 화내고 그 상황을 떠나기 일쑤였다. 문제해결 능력이 없긴 마찬가지였던 것 같다. 그런 청소년기를 보낸 내가 요즘 청소년들을 보니 물음표로 머릿속이 가득 찼다.

7~8년 전 과제를 위한 모둠 짜기를 시키자 학생들은 머뭇거리며 사다리 타기, 가위바위보 등 우연으로 정하는 모둠 만들기 방식을 택했다. 나는 그 이유가 무척 궁금했다. 그들은 왜 자신이 원하는 단짝들과 모둠을 만들지 않을까? 학생들에게 이유를 묻자 돌아온 대답은 소외된 누군가가 상처를 받을까 봐 걱정된다는 것이었다. 드러내지 않았지만 그게 자신이 될까 봐 두렵다는 뜻 같았다. '나를 위한 선택'보다 '아무도 상처받지 않는 선택'을 하는 이들이 내 눈에 무척 새로웠다. '이렇게 선한 사람들이 있다니!'라며 감탄하기도 했다. 나라면 하지 않았을 선택이었기 때문이다. 대화가 잘 통하고 합이 잘 맞는 동료와 시간을 보내는 것이 내게 중요했다. 전혀 소통해 보지 않은 새로운 사람과 파트너가 되는 것도 즐거웠다. 그런데 왜 그들은 스스로 선택하는 즐거움을 포기할까? 안전하기 위해? 두려움을 피하기 위해? 안타까운 마음

이 들었다.

지난 학기 학교 안에서 괴롭힘의 고통을 호소한 학생들이 있었다. 그 해결 과정에서 시행된 상담 등을 통해 학생들의 이야기를 들었는데 자신이 겪는 어려움과 괴로움을 해결하기 위해 노력하기보다 참거나 피한다고 대답했다. 감정을 '해소'하는 방법이 있다고 말한 학생들도 문제가 된 그 상황에 직면해 해결하기보다 뭔가를 치거나(때리거나 두드리거나) 음식을 먹는 방식으로 감정을 해소한다는 것이었다. 학년별로도 차이를 보였다. 상급학년인 10학년은 문제를 해결하기 위해 회의를 열거나 교사들에게 알리는 등 적극적으로 의견을 개진했는데 현재의 6, 7학년은 상대적으로 그런 모습이 보이지 않는다는 것이다.

이 대안학교에서는 학내에서 일어나는 작은 갈등부터 대화를 통해 서로 해소할 수 있도록 자리를 마련하고 지원해왔다고 한다. 또 학생들끼리 반목하거나 미워하고 괴롭히는 것은 그들의 마음 상태를 반영하는 것이므로 그 마음을 돌보고 회복시키기 위해 애썼단다. 교사들의 그런 개별적인 노력도 있었지만 학교가 학생들의 반 배치를 달리하거나 외부의 전문적인 도움을 받거나 교육 내용을 바꾸는 등 학생들의 마음을 돌보고 공동체 회복을 위한 시스템 변화도 시도했다. 그런 크고 작은 시도가 학생들을 조금씩 변화시켜가는 것이 보인다고 했다.

공교육에서 '학교 폭력'을 해결하는 방식은 학교폭력대책자치위원회(학폭위)를 세우고, 사안에 따라, 학폭위의 결정에 따라 해결 프로세스를 진행하는 것이다. 이와 달리 이 대안학교에서는 공동체 안에서 벌어진 갈등이나 괴롭힘이라는 폭력 사건을 배움의 기회로 삼아 이 교육공동체에 무엇이 없고 무엇이 달라져야 하는지 점검하고, 외부 전문가의 도움을 적극적으로 받아들이는 학교로서는 용기 있는 선택을 하고 실천한 것이다.

청소년들이 소속된 공동체가 이런 시스템 변화 등으로 전달하는 메시지는 강력하다. 피해를 호소하는 사람이 보호되고 이를 해결하기 위해 온 학교, 온 공동체가 노력하는 모습이 그들로 하여금 안전함을 느끼고 자신의 감정을 드러내도 괜찮다는 믿음을 갖게 한다.

주목해야 할 것은 '폭로'를 통해 문제를 드러내는 방식이다. 소셜미디어 등장 이후 피해를 입고도 침묵을 강요당해야 했던 힘없는 사람들은 예측할 수 없는 파급력을 지닌 새로운 미디어를 통해 피해를 고발하고 여론을 형성해왔다. 과거 같았으면 쉬쉬하며 지나갔을 사건들이 해일처럼 전 사회에 영향을 미치는 것이다. 대표적인 예가 '#미투 #metoo'였다. 여성들이 자신의 성폭력 피해 사실을 트위터 등에 이름을 숨기거나 드러내며 기록하기 시작했고 '#○○_내_성폭력'이 처음 등장한 2016년부터 현재까지 한국 사회에 큰 영향을 미치고 있다.

새로운 미디어는 약자, 소수자의 목소리에 힘을 실었다. 그러나 이런 익명 공간에서 성장한 어린이, 청소년들은 문제가 생겼을 때 문제해결 방식으로 쉽게 폭로 전략을 선택한다는 것이다. 물론 그런 전략을 선택하는 것 자체를 비난할 의도는 없다. 다만, 갈등을 직면하고 해결하고 관계를 회복하며 성장하는 배움과 경험 없는 세대에게 '폭로'라는 문제해결 방식은 서로를 상처 내는 무기가 될 뿐이다. 그렇기 때문에 마을 대안학교에서 '폭로' 방식으로 갈등이 드러난 이후의 대처가 의미있다. 상황에 연루된 당사자만 분리해 문제를 해결하는 것이 아니라 공동체 모든 구성원이 이런 상황을 알고 그로부터 회복하도록 돕고 그 과정이 배움의 과정이 되는 것이다. 어느 공동체 어느 사회에서도 갈등과 폭력 문제는 일어날 수 있다. 중요한 것은 그것을 어떻게 해결하고 그 과정을 어떻게 공동체 성장의 기회로 삼느냐는 것이다.

정희 얼마 전 있었던 일은 나아진 것 같아요. 이제는 걔들도 전처럼 괴롭히지 않고요. 걔들이 많이 나아졌어요.

동윤 저는 그 호소에 실명도 쓰여 있어서 걱정했어요. 그래도 몇 년 동안 참은 건데, 그렇게라도 다 해소할 수 있었던 것 같아요. '누가 어떻게 했고 뭣 때문에 힘들었다'라는 게 다 쓰여 있었거든요.

정희 그리고 지금까지 어떤 말을 해도 받아들여지지 않았다는 내용도 있었어요.

동윤 아무리 말해도 바뀌는 게 없다고도 했고… 진짜 공격적이기도 했어요. 괴롭힌 사람, 괴롭힘을 당한 사람의 이름이 다 들어가 있었고 말투도 공격적이었어요. 그래서 걱정이 되었죠. 호소한 사람이 오히려 비난받을까 봐.

정희 이번에도 아무것도 안 바뀔 수도 있다고 생각했어요. 불안한 마음도 있었죠. 지금은 나아져 다행이에요.

동윤 우리와 이 일을 겪은 사람들은 최소한 '뭔가 좀 나아진 것 같다', '변화가 좀 있는 것 같다'고 느낄 거예요.

정희 저도 비슷한 생각이에요. 어려움을 겪던 사람들은 더 나아졌을 거라고 생각해요.

학교에서 있었던 괴롭힘 호소 건이 어떻게 되었는지 학생들에게 묻자 그 사건을 드러내 폭로한 사람, 즉 괴롭힘을 호소한 사람의 감정에는 공감하지만 그 방법은 과했다고 생각하고 있었다. 몇 년 동안 겪어온 일이라 그렇게 폭로해야만 했던 것을 이해하지만 괴롭힘 가해자의 실명을 드러내거나 욕설이 섞여 있거나 과격한 표현이 포함된 것은 오히려 행위자로 지목된 사람들을 공격하는 행위로 보일 수 있다는 의견이었다. 그래서 이 문제에 대해 괴로움과 고통을 호소한 피해자들이 오히려 비난받을까 봐 걱정했다고 말한다. 그리고 그런 결과, 아무것도 바뀌지 않을 수도 있다는 불안감도 있었다고 토로했다. 그러나 학교는 이 문제에 적절히 대처했고 결과적으로 피해 학생들의 입장에 공감했던 사람들에게 안전함을 느끼게 했다.

같이
놀래?

먼 미래가 아니라

당장 오늘을 즐겁고 의미있게

살 수 있도록…

워크맨부터 스마트폰까지

1979년 일본 소니(SONY)사에서 '워크맨(Walkman)'이 출시되었다. 휴대용 소형 카세트 플레이어와 헤드폰은 원하는 음악을 어디서나 들을 수 있게 해줬다. 대형 카세트 플레이어로 주변 사람들을 방해하지 않고 사적 공간에 머물 수 있게 만든 획기적인 미디어 기기였다. 그로부터 몇 년 후 삼성도 '마이마이(mymy)'라는 개인용 미디어 기기를 출시해 1980~1990년대 청소년들에게 없어선 안 될 필수품으로 꽤 오랫동안 자리를 지켰다. 그 후 카세트를 대신할 기록 미디어인 CD와 MP3가 새로 등장하면서 플레이어 종류는 달라졌지만 '개인이 혼자 머물 수 있는 시간과 공간' 개념은 계속되고 있다.

MP3 플레이어인 '아이팟'을 생산하던 애플은 2007년 첫 스마트폰인 아이폰을 세상에 내놓았다. 손 안의 컴퓨터인 스마트폰은 미디어 재생 기능은 물론 통신 기능을 이용한 전화, 개인 간 문자를 주고받는 메신저, 화상전화와 그때 등장한 소셜미디어(SNS) 어플리케이션을 이용할 수 있었다. 획기적이었다. 컴퓨터가 없어도 손안에서 거의 모든 것이 해결되었다. 고용량 사진이나 동영상도 손쉽게 주고받을 수 있게 되었다. 출시 직후에는 전자기기에 관심이 많은 청년층이 주로 구입했다면 지금은 세대 구분 없이 어린이부터 노인까지 이용 중이다. 2020년 8월 한국 갤럽이 19세 이상 성인 남녀 1,002명을 설문 조사한 결과, 무려 93%가 사용 중이라고 답했다. 2020년 6월 기준 총인구 5,183만 9천 명, 무선통신에 가입한 스마트폰 회선은 약 5,182만 개에 달한다. 한국 총인구보다 많은 스마트폰을 사용 중인 것이다.

2020년 현재 중학생들은 2005~2008년에 출생했다. 스마트폰 탄생과 함께 태어난 것이다. 스마트폰 등장 이후 영유아 양육에서 스마트폰은 없어선 안 될 중요한 도구가 되었다. 특히 식당 등의 공공장소에서 아이를 조용히 머물게 하는 필수품이 되었다. 아이가 조금만 울거나 시끄러우면 공공장소에서 다른 사람에게 폐가 되어 양육자들이 아이를 조용히 만드는 막대사탕으로 항상 사용하게 된 것이다.

최근 몇 년 사이 한국 사회의 분위기는 달라졌다. 아이들을 함께 돌보고 키워야 할 존재로 생각하기보다 전적으로 양육자 개인의 책임으로 관리해야 할 대상으로 생각하게 되었다. 이런 사회적 분위기의 변화 때문에 양육을 담당하는 양육자들은 아이가 혹시 다른 사람의 조용한 식사시간을 방해할까 봐 6세 이전까지는 절대로 보여 주지도 말라는 스마트폰에 뽀로로 영상을 띄워 손에 쥐어주는 것이다. 현재의 청소년 세대가 스마트폰의 노예처럼 된 것은 한국 사회 전체의 책임이다. 아이를 환대하지 않는 사회가 아이들을 스마트폰 안에 가둬버렸다.

우리는 달라, 너는 날 몰라!
라떼는 말이야!

시력이 제대로 기능하기도 전부터 스마트폰이나 태블릿을 보면서 자라는 아이들, 청소년이 세상을 인식하는 방식은 다를까? 세상을 촉감보다 시각으로 더 많이 경험하는 아이들은 이전 세대와 어떻게 다를까?

온라인 세상은 우리가 상상하는 것보다 광대하다. 무엇을 상상하든 그 이상이다. 페이스북으로 세상을 보는 40대, 50대와 트위터, 인스타그램, 유튜브, 딕톡으로 세상을 바라보는 10대, 20대의 세대차는 예상보다 클 것이다. 유튜브에 자신이 옷을 갈아입는 영상을 주저 없이 올리고 침대 옆에 카메라를 장착해 잠들어 깨어나는 모습까지 기록하고 공유하는 브이로그(VLOG)로 일기를 대신하는 세대. 자물쇠가 달린 종이 일기장에 'Dear Diary~'로 시작하는 비밀을 털어놓았던 세대. 그들이 공감대를 형성할 수 있는 것은 무엇인가? '친목질'이 금지된 온라인 공간에서 관계 맺기를 경험하는 사람들과 골목길, 놀이터, 공터에서 또래와 친해지며 관계 맺기를 경험하는 사람들. 그들의 태도는 또 얼마나 다를까? 단독주택이 사라지고 고층 아파트가 들어서는 한국. 아파트에 살지 않으면 어린이집, 학교에서 따돌림을 당하며 자라는 아이들. 그들은 온라인에서 어떤 경험을 할까?

2021년 현재 온라인에 대한 세대별 경험 세계는 뒤죽박죽이다. 중·노년인 1950~1960년대 출생자는 자동화 기계의 변화에 익숙하지 않아 패스트푸드점이나 민원실 키오스크 앞에서 헤매는 반면, 1970~1990년대 출생자들은 컴퓨터와 인터넷 발달에 따른 대부분의 변화를 체험하면서 성장해 능숙하진 않더라도 기기 관련 지식을 수월하게 습득한다. 그리고 마지막으로 2000년대 이후 출생자는 인지가 가능한 시절부터 스마트폰, 고속 인터넷, 이를 기반으로 형성된 온라인 커뮤니티와 게임세상을 '원주민(Native)'처럼 활보하며 자랐다. 각 세대의 온라인 경험 세계는 모두 다르다.

그들 중 누군가에게 '온라인'은 없는 세계에 가깝고 누군가에게는 현실보다 더 현실로 와 닿는 세계가 된다. 그런데 많은 경우 이런 경험 세계 사이의 교류는 존재하지 않는다.

현실적으로 상호 이해와 교육을 위해서는 앞에서 설명한 사실이 전제되어야 함에도 단지 이해 불가 영역으로 치부되며 문제로 보는 것이 현실이다.

오늘날 보호자나 교사의 역할은 계도나 교정이 아니라 소년들이 주변 기성세대와 꾸준히 연결되고 단절되지 않도록 그들과 대화하며 그들의 문화를 이해하고 지켜보는 것이 될 것이다.

중학생이나 고등학교 저학년 소년들은 자신이 좋아하는 유튜버가 하는 말을 그대로 따라 하거나 자신이 소속된 온라인 커뮤니티에서 본 주장을 그대로 옮기기 일쑤다. 그것은 폭력과 혐오를 드러낼수록 학교 동료들과 친구집단에서 '핵인싸'로 대접받고 남성에게 주어진 젠더 역할을 제대로 수행하는 것으로 여겨지는 또래 집단 안의 경험이 그들에게 중요한 역할을 하기 때문이다. 이때 소년들에게 필요한 것은 훈육이나 질타가 아니라 그들의 이야기를 들어주고 옆에서 동행해줄 동료 시민이다. 온라인 공간이 키워낸 민주시민에게 양육자나 교사, 어른의 권위는 더는 중요하지 않을 수 있다는 사실을 기억해야 한다.

범죄자가 된 소년들

2020년 초 한국 사회를 떠들썩하게 만든 성착취 범죄로 '텔레그램 N번방' 사건과 '웰컴 투 비디오'가 있었다. 이 범죄의 특성은 일찍이 마크 프렌스키가 말한 디지털 세상을 능숙하게 활보하는 '디지털 네이티브'인 10대, 20대가 주동자 또는 주요 공범자가 되어 벌인 범죄라는 것이다. 이 사건이 소셜미디어를 시끄럽게 만드는 동안 언론과 경찰은 이 범죄의 특수성을 인지하지 못한 채 단지 '야동 보는 일탈' 정도로만 취급했다. '텔레그램 N번방' 성착취 범죄와 '웰컴 투 비디오'의 영유아 성착취 영상물의 유통이 구체적으로 언론에 언급되자 그제야 대중은 관심을 보이기 시작했고 경찰은 수사에 착수해 범인들을 검거했다. 한국 사회는 이런 청(소)년들이 끔찍한 범죄를 저지른 이유를 여전히 파악하지도, 이해하지도 못하고 있다. 언론은 마치 청소년 범죄가 새롭다는 듯이 떠들어 댈 뿐이다.

손정우, 조주빈, 문형욱은 항상 있었다. 청소년들의 디지털 미디어를 이용한 성착취물 제작과 유포 등의 범죄가 언제부터 있었는지 과거 기사를 검색해봤다. 온라인 기사검색에서 발견한 소식은 1998년 '인터넷 음란사이트 개설, 18명 적발' 기사였다. 검찰이 음란 홈페이지를 개설하거나 PC 통신을 통해 음란 비디오 및 CD를 판매한 혐의로 초등학교 교사인 30세 한 씨 등 15명을 전기통신 기본법 또는 음반 및 비디오물에 관한 법률 위반 혐의로 구속 기소했다는 기사에서 검찰에 의해 기소된 사람 중 2명은 17세 미성년자였다. 해당 기사가 언급한 그들의 혐의 중 하나는 국내외 유명 연예인의 얼굴과 다른 포르노 사진을 합성한 사진을 게재한 것이었다. 딥페이크, 즉 다른 사람의 얼굴을 포르노에 등장하는 신체에 합성하는 것을 일컫는 합성사진 성범죄는 이미 23년 전에 있었다.

나는 기사를 검색하며 절망했다. 찰스 디킨즈의 『올리버 트위스트』에 등장하는 작은 소매치기범들처럼 어느 시대든 다양한 이유로 소년들이 자발적으로 또는 동원되어 범죄를 저질러온 것인가 하는 생각에 슬퍼졌다. 인쇄기술이 등장하니 책과 잡지로 온갖 음란물을 만들고, 시간이 지나며 총천연색으로 도색물도 화려해지고, 비디오테이프로 성인 비디오를 복제해 청계천 헌책방이나 만화방에서 은밀히 찾는 손님에게 판매하고, 가정용 캠코더가 등장하니 네명의 남자 고등학생이 여자 중학생 한 명을 성폭행하는 장면을 촬영해 〈빨간 마후라〉로 이름 붙이고 심지어 컴팩트 디스크에 구워 유통시켜 돈을 벌고, PC 통신이 등장하니 CD를 굽지도 않고 즉석에서 바로 자료실에 공유하고, 웹하드가 나오니 고용량 영상부터 사진까지 끝도 없이 업로드했다. 미디어 환경이 변하면서 제작자, 판매자, 소비자가 분리되었던 것이 소비자가 되기 위해 제작하는 제작자가 되고 판매와 유통까지 활발히 한다. 부자 나리의 주머니를 털어 고아를 지켜준다는 명목으로 착취하는 『올리버 트위스트』의 악당 할아범에게 갖다 바치는 대신 스스로 생존하거나 부유해지기 위해 범죄를 저지른다.

범죄를 저지르는 소년들에게 '나쁜 짓' 또는 '비윤리적 행동'이라는 판단 기준이 있을까? 2005년 검거되었다가 초등학생이라 훈방된 초등학교 4학년, 5학년생인 음란물 카페 운영자는 자신이 만든 카페의 가입 조건으로 엽기 사진이나 음란물 사진 업로드를 가입승인 조건으로 걸기도 했다. 손정우가 '웰컴 투 비디오'를 운영하며 이용자들에게 불법 동영상 업로드를 요구한 것과 유사한 방식이다. 이런 방식은 온라인 카페 등을 운영하며 운영자들이 카페 활성화를 위해 적용하는 커뮤니티 규칙으로 자주 발견된다. 특히 등급제로 운영되는 카페는 가입할 때뿐만 아니라 가입 승인 후에도 꾸준히 글을 올리고 댓글을 달아야만 등급을 유지할 수 있는 경우가 많다. 엄격한 규칙을 적용하는 커뮤니티의 경우 활동이 부진하면 '강퇴' 당하기도 한다. 이는 '박사 방' 등에서 발견되는 규칙이기도 하다.

최근 등장한 소년들의 디지털 범죄는 기존 10대의 범죄가 장소를 바꿔 디지털 공간에서 벌어진다는 차이가 있다. 그들의 범죄는 전혀 새로운 공간에서 벌어지지만 기존 10대 남성 청소년 폭력 범죄의 맥락 위에 있다. 그러나 범죄 양상은 크게 달라졌다. 디지털 미디어가 등장하기 전의 소년 범죄가 조직의 일원으로 폭력을 행사하는 등의 육체적 힘과 세력을 과시하는 것이었다면, 최근 새롭게 등장한 미디어 환경에서는 신체적 능력과 위계적 권력을 보여 주는 '힘과 세력' 대신 기술(각종 첨단기술과 정보)과 조직력(위계적이고 폐쇄적인 조직 운영 방식으로 효율적이고 재생산이 가능하도록 조직을 운영하는 방식)의 증명이 중요해졌다.

10대 소년들의 폭력조직 가담 사건 기사는 어렵지 않게 찾을 수 있고 폭행, 상해, 살해뿐만 아니라 강간, 성매매 알선 등의 범죄 기사도 발견할 수 있다. 그들이 이런 범행을 저지르는 것은 자신을 드러내고 존재감을 증명하기 위해서 이기도 하지만 돈벌이와 관련된 경우가 많다. 폭력조직에 가담하며 조직원으로 경제적 보장을 받고 경우에 따라 조직이 운영하는 비즈니스에서 중요한 역할을 하는 경우도 있다. 학력 자본, 문화 자본, 관계 자본이 없는 대부분의 여성은 성매매나 특별한 기술이 필요 없는 청소 등의 일자리, 남성은 폭력조직이나 건설 일용직 등 육체 자원의 일자리를 구하게 된다. 이와 마찬가지로 '갓갓'(문형욱)이 운영한 일명 '번호 방'은 온라인 공간의 익명성을 활용해 자신이 사업의 보스가 되어 운영하는 방식으로 지속했다.

문형욱을 비롯한 조주빈, 강훈 등 텔레그램 기반의 성착취 범죄자들은 그것을 지속 가능한 비즈니스로 만들기 위해 다양한 기술을 동원했다. 피해 여성들을 유인하기 위해 다양한 방식의 덫을 개발하고 그들을 노예화하고 공포에 질려 어떤 요구나 명령에도 따르게 만드는 심리적 폭력 기술을 이용했다. 또 위험 요소를 제거하기 위해 단체 채팅방을 엄격한 규칙으로 운영하고 이용자들의 꾸준한 유입과 불법 성착취물 소비를 지속적으로 유도할 목적으로 채팅방의 활발한 운영을 위해 직원을 배치하는 등 비범죄적 상업 공간에서 활용하는 방식을 효과적으로 이용했다. 이 모든 과정이 피해자를 죽음보다 더한 고통 속에 밀어 넣는 범죄가 아니었다면 어쩌면 이들은 주목받는 청년 창업의 주역이 되었을지 모른다. 웹하드 사업을 운영하며 IT 업계의 젊은 재벌로 손꼽히는, 지금은 범법자인 양진호를 생각해 보라.

그렇다면 무엇이 그들을 청년 창업의 주역 대신 희대의 여성 혐오적 인격 살해범으로 만들었을까? 단지 그들이 '그렇게 태어나서'라고 치부하기에는 그 수가 적지 않고 유사한 장난과 범죄 사이를 오가는 청소년 문화도 너무나 광범위하게 퍼진 상태다. 또 조주빈, 문형욱 체포 후 언론은 하나같이 주변 인물들을 취재하며 어린 시절이 불우했고 학교에서는 조용하고 평범했다는 기사를 쏟아냈다. 그것은 어쩌면 한국 사회가 가진 치명적인 약점이 그들을 '악마'나 '괴물'로 만들었다는 증거일 것이다.

N번방 이후 교육 준비하기
더 많은 동행을 바라며

 윤희　저는 디지털 교육이 필요하다고 생각해요. 다른 대안학교들 보면 코딩 교육, 유튜브 교육도 하더라고요. 지금 자라는 아이들이 살아가야 할 환경이 그러니까요. 우리가 그런 변화를 막을 수는 없잖아요. 앞으로 직업군이 다 그렇게 될 텐데 그에 대한 준비로 교육하는 것도 필요하다고 생각해요. 우리 학교가 지향하는 바나 철학을 잘 지키고 변화하는 세상에 대한 준비도 잘 병행하면서 어떻게 교육해야 할지 고민이에요. 특히 아이들이 초등과정에서 중등과정으로 올라갈 때 경험하는 세계가 너무나 달라져요. 준비나 교육 없이 바로 인터넷 세계로 들어가는 거죠. 그래서 초등 고학년부터라도 준비 단계로 디지털 교육이 필요하겠다는 생각이 들어요.

대안학교 교사 윤희는 변화하는 미디어 환경에 맞춘 적절한 교육이 필요하다고 말한다. 지금의 어린이와 청소년들이 앞으로 살아갈 세계는 새로 등장한 미디어와 플랫폼이 중요하게 작동할 텐데 이를 어떻게 잘 활용하고 그런 환경에 어떻게 잘 적응해 살게 할지 고민이라고 했다.

윤희의 이런 고민은 매우 중요하다. 디지털 네이티브가 경험하는 세상은 기성세대가 경험하는 현실과 높고 두꺼운 벽을 사이에 두고 있다. 그로 인한 세대 간 단절은 양육자와 자녀, 교사와 학생 간의 소통 불가능을 야기하고 이는 양육, 훈육, 계몽, 교육을 모두 불가능하게 만들고 있다. 양육자와 교사의 이런 빈자리를 유튜브와 소셜미디어가 채우며 어린이와 청소년을 사회화시키고 교육하고 성장시키고 있다.

성평등 감수성 교육, 성교육, 성폭력 예방교육을 진행하는 전문 강사들은 하나같이 소년들을 대상으로 하는 수업에서 겪는 어려움을 토로한다. 석대감과 온라인상에서 익히 들어온 페미니즘과 페미니스트에 대한 반감의 말들을 드러낸다. 그들에게 언어를 주고 문법을 가르치는 것은 바로 온라인 커뮤니티와 새로운 미디어를 생산하는 크리에이터들이다. 문제는 그들이 전파하는 감수성과 문화가 더 없이 폭력적이고 혐오적이라는 것이다. 물론 그런 현상을 개인 크리에이터의 책임으로 넘길 수 있겠지만, 문제는 '돈이면 다 괜찮다', '어떻게든 유명해지면 된다'는 현실 세계의 논리가 청(소)년 미디어 생산자들로 하여금 유명세와 돈을 목적으로 쉽게 관심을 끌 수 있는 자극적이고 폭력적인 콘텐츠를 양산하도록 부추기고 있다는 것이다.

불법 촬영물의 온상이던 소라넷이나 양진호로 상징되는 '웹하드 산업'이 모두 이런 폭력과 혐오문화에 기대어 이익을 얻지 않았는가. 이런 상황에서 폭력과 혐오로 돈을 버는 손정우 '웰컴 투 비디오'와 조주빈 '텔레그램 N번방'이 등장한 것은 새삼스러운 일이 아니다. 그렇지만 그들이 이런 끔찍한 범죄를 저지르고도 반성할 줄 모르는 괴물이 된 것이 과연 그들만의 책임일까? 한없이 평화롭고 정겹기만 할 것 같은 농촌 지역 출신 손정우가 초등학생 때부터 불법 촬영물로 돈을 번 것은 무엇을 의미할까? 한국의 공교육, 한국 사회, 온라인 세상을 전혀 모르는 기성세대는 이 디지털 원주민을 어떻게 키워낸 걸까?

온라인은 더는 가상세계가 아니다. 지금부터라도 한국의 소년들이 경험하는 현실을 속속들이 보아야 한다. 이들이 어떤 경로로 어느 세계에 접속해 어떻게 놀고 무엇을 경험하고 무엇을 배우고 무엇을 실천하는지. 이들을 교육하고 계몽

해야 할 객체가 아닌 행위의 주체자로 보고 이들을 위해 어떤 디지털 리터러시 교육을 준비할지, 어떤 시스템을 만들어야 할지, 이를 통해 어떤 감각과 감수성을 기르도록 할지 절실한 마음으로 준비해야 할 것이다.

이 책의 기초가 된 남성 청소년 문화연구 「소년들을 만나다」는 1990년대 초부터 약 30년 동안 마을운동을 지속해온 마을공동체에서 이뤄졌다. 그 때문에 연구에 참여한 소년들이 '마을공동체'가 함께 키워낸 '아이들'이라는 특수성이 있어 이 연구 결과를 공동체 감각이 사라진 한국 사회 대다수 지역에서 성장한 소년들에게 적용하기는 어렵다. 그렇지만 이 마을의 대안학교와 방과후교실 사례를 살펴보며 공교육과 지자체의 돌봄 행정에 적용해 지금부터라도 한국사회 전체가 어린이와 청소년을 함께 돌보고 키워내는 공동체로 거듭나야 한다.

마을에서 만난 소년들은 건강했다. 건강하다는 것은 온라인과 오프라인 세계를 적절히 넘나들며 온라인 콘텐츠를 선택하는 기준도 건전하다는 의미이며, 선택을 결정하는 윤리의식이 살아있다는 것이다. 폭력적이거나 혐오가 등장하는 콘텐츠를 구분할 줄 알고 인간을 성상품화하는 콘텐츠에 대한 거부감도 가지고 있다. 이들이 고학력 양육자의 자녀여서, 중산층 이상 가정에서 성장해서, 좋은 학교에 다녀서, 친구가 좋아서일 수도 있지만 중요한 것은 경쟁을 부추기는 익명의 공동주택이 밀집한 도시에서 자라지 않고 아이들을 중심으로 서로 연결되고 돌보고 돕는 든든한 울타리로 존재하는 어른들이 있는 마을에서 자랐기 때문이다. 안타까운 것은 이런 공동체 회복을 위한 움직임이 주로 사회운동을 고민하는 고학력 중산층 이상에서 시작되고 주도되었다는 사실이다. 이제는 사회 전체가 공동체 의식 회복을 위해 노력할 때다.

손정우의 등장과 조주빈, 문형욱의 탄생, 그들이 만들어낸 폭력 공간에 참여한 수많은 남성 공범자들은 운이 나빠, 유전자가 나빠, 가정환경이 불우해 우연히 범죄행위를 주도하고 가담하게 되었을 수 있다. 그러나 그보다 더 중요한 것은, 그들에게 결핍되었던 요소들을 대신해 그들을 살뜰히 돌보고 건강하게 성장하도록 돕고 이끌어줄 공동체와 시스템이 없었다는 것이다. 마을 소년들의 이야기에 등장하는 일탈적인 행동을 하는 마을 밖 소년도 어쩌면 어느 순간 온라인에서 길을 잃고 방황하다가 '지인 능욕 방'에 들어가 누군가를 다치게 할지 모른다. 아니면 디지털 감옥에 갇혔던 소년들처럼 또 다른 피해자가 될지 모른다. 그 책임을 더 이상 스마트폰, PC방, 유튜브에 돌릴 수는 없다. 온라인에 떠도는 수많은 정보를 접하더라도 윤리적 기준을 갖고 나와 타인을 다치지 않도록 선택할 수 있는 주체가 되도록 성장시켜야 한다.

공교육이, 교사가, 양육자가, 주변 어른들이 변해야 한다. 어린이와 청소년들을 지키기 위해 모두가 달라져야 한다. 어린이와 청소년에게 즐겁고 다양하게 놀 권리가 보장되어야 하고 내일이나 수능 이후, 취업 이후와 같이 먼 미래를 위해 살게 할 것이 아니라 당장 오늘을 즐겁고 의미있게 살 수 있도록 해야 한다.

이 책의 마지막 페이지를 읽고 계신 청소년 곁에 서 있는 독자들께 다음을 실천할 것을 당부드린다.

첫째, 아동, 청소년기에는 스마트폰 밖 세상을 더 많이 경험하도록 최초 스마트폰 구입 시기를 중학교(만 13세) 이후로 늦추고 PC 사용이나 PC방 출입도 스스로 적절히 조절할 수 있도록 연습의 기회를 충분히 제공해야 한다.

둘째, 무엇보다 믿을 수 있는 선하고 안전한 어른들이 주변에 많아야 한다. 우리가 그런 어른이 되자. 청소년들이 우리와 자신의 일상에 대해 충분히 대화 나눌 수 있어야 한다.

셋째, 외롭지 않아야 한다. 외로워서 온라인에 의존하거나 삶이 온라인 중심으로 꾸려지면 안 된다. 온라인과 현실을 넘나들며 균형을 맞출 수 있어야 한다.

넷째, 청소년들에게 마음이 어떤지 묻자. 그들의 마음을 돌보자. 우리는 온라인 세계에서 길을 잃은 소년들이 괴물이 되지 않도록 더 적극적으로, 그렇지만 묵묵히 그들의 곁에 서있는 것으로 그들의 세상에 개입해야 한다.

| 감사의 말 |

누구보다 먼저 제 교실에서 선생인 저를 성장시킨 소녀들과 소년들에게 감사드립니다. 그대들이 흉금을 풀고 얘기를 나눠주어 많이 배울 수 있었습니다.

또한 그런 수업과 프로젝트, 연구가 가능할 수 있도록 지원해준 학교들과 청소년센터, 동료교사들, 동료연구자들, 든든했습니다.

보고서 「소년들을 만나다」가 대중서인 『소년문화탐방기』가 되기까지 이프북스 출판사와 조박선영 편집장님이 애써주셨습니다. 2년간 연지원과 지현을 믿고 지지하고 응원해주셨죠.

가족인 정민과 연희, 민희, 준희. 가사노동면제권을 발급해줘서 집필에 매진할 수 있었습니다. 정서적으로 피폐해졌을때도 사랑으로 돌봐주었죠. 알러뷰쏘머치♡

할머니와 어머니는 저를 페미니스트로 성장시켜주셨습니다. 스승이신 조한혜정, 나임윤경, 김현미 선생님은 저에게 페미니스트 연구자의 눈과 귀, 가슴을 갖게 해주셨죠. 이 작업의 과정을 응원해 준 문화학과의 동료들께도 감사의 마음을 전합니다.

십여 년간 비폭력대화를 통해 저를 크게 변화시킬 수 있었습니다. 소년들을 만나 그들을 믿고 공감할 수 있게 된 것은 NVC 덕분입니다.

소년문화탐방기 – 마을의 소년들

초판 1판 1쇄 인쇄 2021년 11월 15일
초판 1판 1쇄 발행 2021년 11월 25일

지은이 지현
일러스트 장희록
편집 조박선영
교정 유지서
디자인 씨오디
마케팅 김영란
인쇄 교보P&B

펴낸이 유숙열
펴낸곳 이프북스
등록 2017년 4월 25일 제2018-000108
주소 서울 은평구 연서로71 살림이5층
전화 02-387-3432
이메일 ifbooks@naver.com
홈페이지 http://www.ifbooks.co.kr

ISBN 979-11-90390-17-0 03330